FRONT NATIONAL L'IMPOSTURE
DROITE LE DANGER

20 répliques à leurs programmes

Conception couverture et maquette :
Valérie Lagarde

www.editionsatelier.com
www.twitter.com/ateliereditions
www.facebook.com/ateliereditions

Imprimé en France *Printed in France*

ISBN 978-2-7082-4535-8

FRONT NATIONAL L'IMPOSTURE DROITE LE DANGER

20 répliques à leurs programmes

Pierre Laurent
Alain Hayot
Marc Brynhole

PARTIE I

DIX RÉPLIQUES À L'IMPOSTURE DU FN

PARTIE II

DIX RÉPLIQUES AU DANGER DE LA DROITE

Droite, extrême droite : la guerre au monde du travail est déclarée

par Pierre Laurent

« Que chacun raisonne en son âme et conscience, qu'il se fasse une idée fondée sur ses propres lectures et non d'après les racontars des autres. »
Albert Einstein

Il y a urgence. Des milliers de nos compatriotes ne supportent plus le monde de plus en plus brutal dans lequel on nous condamne à vivre, et dans lequel on veut enfermer l'avenir de nos enfants. Ils sont inquiets d'un avenir qui s'annonce de moins en moins sûr et de plus en plus injuste. La guerre regagne du terrain. L'élection de Donald Trump annonce encore plus de confrontations.

De nombreux dirigeants disent qu'il faut l'accepter et nous installer dans cette logique de guerre. Mais des millions de citoyens, ici et à travers le monde, cherchent eux les voies nouvelles pour reconstruire plus de paix et de justice.

En France, pendant des semaines, les sondages ont prétendu que l'élection présidentielle se résumerait à un affrontement entre Marine Le Pen et François Fillon. Et même si, à l'heure où sont bouclées ces lignes, la candidature de François Fillon est suspendue au résultat d'une enquête du parquet national financier, tout est fait pour rendre les Français prisonniers d'un choix entre Front national et réponses libérales portées par la droite ou Emmanuel Macron.

Avec ce livre, nous voulons faire œuvre utile en montrant que si tel était le cas, ce serait choisir entre une imposture, celle incarnée par Marine Le Pen, et un immense danger, l'intensification des programmes ultralibéraux.

La réponse au système néolibéral dont nous souffrons est ailleurs, dans la construction d'une France solidaire et protectrice, qui n'a rien à voir avec les funestes projets de la fausse alternative proposée par ces deux-là. Cette construction nouvelle, les communistes y travaillent tous les jours, et ils l'incarnent dans un programme qu'ils ont intitulé : « La France en commun ».

Il était donc utile, face au scénario piégé qu'on nous promet, de démonter la phénoménale mystification que constitue ce jeu de rôle, cette partition à deux voix que nous chantent le Front national et la droite.

Ce livre collectif est fait pour cela : démystifier ! Il y a une énorme manipulation des esprits qui vise à berner la population dans son ensemble, mais qui s'adresse en particulier aux travailleuses et aux travailleurs de ce pays. La droite serait garante et représentante du monde du travail, avec au cœur de son programme la défense de la « valeur travail » et la « lutte pour l'emploi ». Et le Front national serait, lui, l'antisystème, celui qui veut renverser la table, celui qui se présente comme le protecteur des ouvriers et des classes populaires, comme l'alternative au pouvoir de la finance.

J'ai souhaité que, par ce livre, nous démontions pièce par pièce cette fable, arguments à l'appui, en se basant sur des faits, des chiffres, des déclarations, des éléments de leurs programmes. Ceux-ci restent enfermés en vérité dans la même logique : celle qu'imposent les puissances de l'argent, le grand patronat du CAC 40, ce système contre lequel la vie de millions de salariés, des gens du peuple, vient se fracasser.

La principale différence tient au fait que Marine Le Pen pousse à l'extrême la logique de guerre du monde capitaliste actuel. Elle se reconnaît donc dans Donald Trump qui a décidé que seuls les intérêts des grands milliardaires américains compteraient désormais dans le monde. Comme elle, le nouveau président des États-Unis prétend agir au nom de son peuple, alors qu'en vérité il le conçoit comme de la chair à canon au service d'un patriotisme qui ne connaît qu'une seule loi, celle des profits des multinationales américaines.

À Coblence, ville allemande où s'étaient réfugiés les aristocrates refusant l'abolition des privilèges du temps de la Révolution française, Marine Le Pen vient de se réunir avec plusieurs partis racistes d'Allemagne, des Pays-Bas, d'Autriche, d'Italie. Tous prônent le repli nationaliste. Ils prétendent s'entendre, mais si nous les suivons, demain nous ferons la guerre. Rappelons-nous que ce type de proclamations nationalistes, ces rivalités impéria-

listes entre grands d'Europe, ont enclenché la grande boucherie de 1914-1918 en Europe.
Ce livre, je l'ai souhaité après le tour de France que j'ai effectué en 2015-2016. Je me suis rendu dans toutes les régions de France pour des visites, des petites rencontres, très nombreuses. Je souhaitais des conversations de proximité, où l'on prenne le temps de s'exprimer, d'échanger, d'aller au fond des choses. J'ai rencontré à ces occasions des personnes de toutes professions, des universitaires comme des ouvriers et ouvrières, des militants associatifs, mais aussi des chômeurs, des jeunes en formation, des citoyennes et citoyens...
J'y ai aussi rencontré des syndicalistes de toutes branches. Notamment des militantes et militants de la CGT, de la FSU et de Solidaires. La plupart m'ont alerté, je ne veux pas le cacher, sur le fait que le climat politique dans les entreprises et les établissements et les discussions avec leurs collègues de travail tournaient très souvent autour de la question du Front national. Dégoûtés, déboussolés par les deux quinquennats successifs, celui de Nicolas Sarkozy et celui de François Hollande, beaucoup de salariés mettent de l'espoir dans la candidature de Marine Le Pen, en se disant qu'après tout, c'est peut-être elle qui renversera la table.
C'est à ce moment-là que j'ai senti l'urgence de dévoiler ces impostures, de contrecarrer sérieusement et sur le fond leurs discours, d'apporter à tous des arguments de bon sens pour démasquer ces thèses et m'adresser à tous ceux qui sont tentés par ce vote et qui croient ainsi parfois combattre, du même coup, droite et Parti socialiste.

L'imposture du Front national

Parti des ouvriers ? Parti des fonctionnaires ? Parti du peuple ? Le Front national prétend parler en ces noms et les grands médias d'information relaient en permanence cette image, plutôt que de rétablir une vérité pourtant élémentaire : on ne peut pas prétendre parler au nom des ouvriers, des travailleurs, du peuple en commençant par les dresser les uns contre les autres.
Et Marine Le Pen ne s'emploie qu'à cela. Les travailleurs français contre les immigrés, les salariés du privé contre ceux du public, les salariés contre les chômeurs, les travailleurs contre les soi-

disant « assistés »... Tout est bon chez Marine Le Pen pour diviser, empêcher les combats communs.

Le Front national serait un parti antisystème. Mais quel système combat-il ? Son discours semble s'en prendre à la finance. Mais quelles mesures propose-t-il pour partager les richesses ? Pour prendre le pouvoir sur la finance ? Quelle réforme de la fiscalité ? Quelles nationalisations ? Il ne veut pas entendre parler d'augmentation du Smic et des salaires, mais préconise la baisse des charges, ce qui en réalité impute les salaires et favorise les intérêts privés.

Ce que propose Marine Le Pen va pousser plus loin la logique de la droite : baisse des dépenses publiques, fin des 35 heures, « assouplissement » du code du travail... Elle s'en prend aux syndicats, et souhaite un retour aux organisations corporatistes. Comme sous Pétain.

Le Front national veut sortir de l'euro et de l'Union européenne plutôt que de la refonder. On voit ce que cela veut dire avec le Brexit : une relance de la concurrence entre les peuples, du dumping social et fiscal, de l'évasion fiscale ! Et une soumission de la France au modèle de Marine Le Pen, à celui de Donald Trump avec son « Amérique d'abord ! » et son gouvernement composé, à son image, de multimilliardaires.

Le programme de la droite est celui du Medef

Largement approuvé par les électeurs de la primaire, le programme de la droite constitue une véritable agression contre le monde du travail. Au point que, dans les rangs même du mouvement Les Républicains, on s'inquiète de la brutalité des annonces de son candidat.

Au nom de la lutte pour l'emploi, les mesures préconisées par ce programme visent à favoriser considérablement le capital, les actionnaires et les dirigeants des entreprises. À cet effet, il préconise « de baisser immédiatement de 50 milliards les charges et impôts sur les entreprises », baisse qu'il propose de financer par une hausse de deux points de la TVA. Comment ces énormes cadeaux aux capitalistes seront-ils compensés ? Par une baisse des dépenses publiques de 100 milliards. C'est-à-dire 100 milliards de moins pour l'hôpital, pour l'école, pour les services publics. Mais comme il faudra toujours se soigner, s'instruire et

se former, se déplacer… il faudra en passer par le privé et payer toujours plus.
Pour donner aux capitalistes, il n'y a pas de secret : il faut retirer aux travailleurs. C'est pourquoi le fil conducteur de ce programme, c'est de s'en prendre au monde du travail. Au panier la Sécurité sociale : tournez-vous vers les assurances et les mutuelles ! Terminées les 35 heures : la seule obligation légale sera de ne pas dépasser les 48 heures de travail hebdomadaire. Et le candidat des Républicains a une conception bien à lui de « la rénovation du dialogue social » : en dessous de 50 salariés, plus de délégués syndicaux ; en dessous de 100 salariés, plus de CE.
Ce livre donne les clés pour comprendre les intérêts que ce programme représente, les idéologies qui le sous-tendent et comment il vise à nous imposer à marche forcée cette politique.

Communistes, nous voulons défricher des chemins d'espoir

Ce livre veut dénoncer le piège qui nous est tendu. Non, notre pays et notre peuple ne sont pas voués au malheur. Le choix qui s'offre à nous ne se réduit pas à un prétendu affrontement entre deux visions aussi dramatiques de l'avenir.
Nous voulons à tout prix éviter le désastre qui s'annonce dans quelques semaines maintenant : l'élection d'un nouveau président de droite plus radicalisé encore que Nicolas Sarkozy, et d'une majorité de droite à l'Assemblée, avec comme seule « opposition », comme seule « alternative », une Marine Le Pen et un Front national décidés à faire pire encore. Pour des années, des années de plomb, le peuple, les travailleuses et les travailleurs, en paieraient le prix fort.
C'est pourquoi nous voulons démonter l'imposture du Front national, révéler les conséquences du programme de la droite contre le monde du travail, et ouvrir une voie nouvelle à la gauche, qui ne soit pas détournée, une fois de plus, par la logique néolibérale d'Emmanuel Macron, digne successeur de François Hollande dont il a inspiré et mis en œuvre la politique.
Il est en effet évident pour nous qu'Emmanuel Macron ne constituerait en rien une alternative. Il apparaît même chaque jour un peu plus comme la roue de secours des intérêts de la finance, au cas où le candidat des Républicains raterait la marche. Ce que nous visons, c'est la renaissance d'un véritable espoir à gauche.

« À chaque effondrement des preuves le poète répond par une salve d'avenir », disait René Char.

Alors que nous célébrons le dixième anniversaire de la mort de l'abbé Pierre, nous affirmons que la grande pauvreté peut être bannie et nous voulons en faire une grande cause nationale.

Quand plus de 50 milliards d'euros d'argent public sont dilapidés dans le crédit d'impôt pour la compétitivité et l'emploi (CICE) pour augmenter les profits des entreprises sans aucun effet ni sur les investissements ni sur les créations d'emplois, quand la fraude fiscale des grandes entreprises prive l'État de 60 à 80 milliards d'euros chaque année, alors il est possible de combattre l'injustice et de partager les richesses.

Quand des salariés reprennent et font tourner des entreprises que leurs patrons et les actionnaires voulaient fermer, alors on se dit qu'avec des droits nouveaux pour les salariés, l'économie pourrait marcher autrement et mieux...

Ne nous laissons pas endormir avec la ritournelle du « rien n'est possible » !

Agissons sans relâche, déployons des efforts considérables pour reconstruire une majorité de changement à gauche, après les cinq années de quinquennat Hollande qui en ont dispersé les forces. Une majorité rassemblée sur des engagements clairs.

PARTIE I

DIX RÉPLIQUES À L'IMPOSTURE DU FN

1•

Marine Le Pen peut-elle parler au nom du peuple ?

« Au nom du peuple » : ce slogan de campagne que s'est choisi Marine Le Pen traduit sa prétention à s'imposer comme la candidate du « social », qui défendrait les intérêts populaires. Cette imposture, au cœur de la stratégie politique du FN, vise à organiser « le grand remplacement » des enjeux sociaux par des questions identitaires.

Alors que le journaliste d'*Europe 1* lui demandait le 25 janvier 2017 si l'augmentation du Smic faisait partie de son programme électoral pour la présidentielle, comme en 2012, Marine Le Pen s'est défendue de prôner une hausse du salaire minimum : « Le problème de l'augmentation du Smic : cela entraîne une charge supplémentaire pour les entreprises, qui sont déjà dans une très grande fragilité dans notre pays. » Pourtant, le Smic concerne 13 % des salariés français, vivant avec 1 135,99 euros de salaire net pour le 1,4 million d'entre eux qui travaille à temps complet et avec encore moins pour les 860 000 qui sont salariés à temps partiel. Ce n'est pas la petite prime sur le pouvoir d'achat des plus modestes, promise dans son discours de Lyon le 5 février 2017, qui changera grand-chose. Il s'agit ni plus ni moins d'une rustine financée par une taxe sur les importations, qui augmentera le prix de ces produits peu chers largement consommés par les mêmes catégories populaires. En clair, les pauvres vont financer eux-mêmes les miettes qu'on leur jette. Le minimum vieillesse bénéficiera quant à lui d'un coup de pouce grâce à sa suppression pour les étrangers !

Si prompte à dénoncer, en 2016, la loi El Khomri, jugée « infâme » et vouée à « précariser le travailleur », la candidate FN ne propose pourtant aucun droit nouveau pour les salariés, ni aucune mesure contre les licenciements boursiers, tout en fustigeant les syndicats et les manifestants qui s'opposent à la réforme du droit du travail. Car la haine antisyndicale est une constante politique dans l'histoire du FN. Dans la même logique, au moment de l'examen de la loi Travail au Parlement, plusieurs amendements très libéraux des sénateurs FN David Rachline (Var) et Stéphane Ravier (Bouches-du-Rhône) proposaient la suppression du compte pénibilité, le doublement des seuils sociaux[1] ou encore la limitation « du monopole syndical ». Ce qui n'empêche pas Marine Le Pen, désireuse de récupérer, pour le détourner, le mécontentement généré par la loi Travail, de demander son abrogation. Quelques mois plus tard, en janvier 2017, les élus FN au Sénat refusaient de voter la proposition de loi du groupe communiste du Sénat visant à abroger la loi El Khomri. D'un côté, de grandes déclarations de principe pour séduire l'électorat, de l'autre des actes à l'exact opposé des préoccupations du peuple.

Concernant le logement, un enjeu majeur pour les classes moyennes et populaires, le verdict est sans appel. La présidente du FN se dit « farouchement opposée » à l'encadrement du prix des loyers, une mesure jugée « dirigiste, presque communiste ». Après avoir prôné l'abrogation pure et simple de la loi de Solidarité et de renouvellement urbain (SRU)[2], le FN propose de ne plus généraliser le quota de 25 % de logements sociaux imposé par la loi, mais de discuter « au cas par cas ». Il préconise également de ne plus construire de logements sociaux, de revoir leur attribution selon la règle de la « préférence nationale », et au bout du compte de les vendre à leurs occupants, les abandonnant ainsi à leur sort.

En matière de santé, le FN se prononce pour la suppression de l'aide médicale d'État. Marine Le Pen dénonce le projet Fillon sur la Sécurité sociale, mais elle aussi veut maîtriser les dépenses de santé, revenir sur la généralisation du tiers payant et établir un délai de carence pour tous les étrangers, même quand ils travaillent. Sur cet enjeu sanitaire comme sur la grande pauvreté, Marine Le Pen ne cesse de diviser les pauvres, d'opposer les salariés aux chômeurs, les SDF aux réfugiés, invoquant « le coût exorbitant » des politiques sociales. La protection sociale n'est

1. Un seuil social est le nombre de salariés à partir duquel une entreprise est tenue de créer des instances de représentation des salariés. Par exemple, à partir de cinquante salariés, une entreprise est obligée d'avoir un comité d'entreprise.

2. La loi SRU, proposée par les parlementaires communistes, présentée par Jean-Claude Gayssot et votée en 2000, impose notamment aux grandes communes de disposer d'au moins 20 % de logements sociaux, seuil qui est désormais de 25 % depuis la loi Duflot.

envisagée que par le prisme de la « préférence nationale » et d'une condamnation de ce qu'elle nomme l'« assistanat ».
« Face à l'extension continue de la misère depuis 2008, il est urgent de mettre en œuvre une véritable politique à destination des Français les plus démunis », écrivait pourtant le secrétaire général du FN Nicolas Bay, sur le site du parti, le 6 décembre 2016. Dans les villes que le FN dirige, la réalité est toute autre : les élus frontistes ont renié toute préoccupation sociale affichée pendant leurs campagnes et leurs administrés les plus pauvres sont frappés au portefeuille. Si, à Fréjus (Var), la subvention au centre communal d'action sociale (CCAS) n'a baissé « que » de 5 % dès l'arrivée de la nouvelle équipe, dans la commune proche de Cogolin la coupe, votée en avril 2015, atteint 46 %. Dans les mêmes mairies FN, des subventions aux associations caritatives ont été supprimées.
L'engagement affiché de redonner du pouvoir d'achat aux plus modestes par la baisse des impôts locaux participe de la même mascarade. À Villers-Cotterêts (Aisne), la baisse se traduit par un allégement de 6 euros par an ! Un bien maigre « cadeau fiscal » compensé par une hausse drastique des tarifs de cantine : au Pontet (Vaucluse) ou à Beaucaire (Gard), l'interdiction d'accès aux enfants de chômeurs comme l'augmentation du tarif signifient la fin de la gratuité pour les plus démunis…
La fibre « sociale » de Marine Le Pen ne consiste pas à faire progresser les droits de l'immense majorité du peuple contre les intérêts de la petite minorité détentrice des richesses, des savoirs et des pouvoirs avec l'ambition de construire une société de partage et de solidarité. Bien au contraire, pour elle, le « social », c'est la mise en concurrence des travailleurs : les étrangers contre les Français, les mal-logés contre les réfugiés, les chômeurs contre les sans-papiers, etc. Au lieu d'unir les uns et les autres, elle divise pour le plus grand profit des plus riches.

2•

L'immigration est-elle la cause de la crise économique ?

Que ferait Marine Le Pen sans les immigrés, ces boucs émissaires historiques de l'extrême droite, dont le rejet a présidé à la création du Front national ? Que proposerait-elle sans la « préférence nationale » qui sous-tend l'ensemble de sa politique et étaye la majorité de ses propositions ?

Dans son entreprise de dédiabolisation, avec des mots moins rugueux que ceux de son père, la candidate d'extrême droite assure n'avoir « rien contre les étrangers ». Ils sont pourtant son obsession maladive, jugés responsables de tous les maux de la France, du chômage de masse aux inégalités. Pas un discours sans que la candidate ne dénonce « les dépenses exorbitantes liées à l'immigration », ou n'oppose les immigrés aux plus fragiles des Français. Or, tous ces clichés véhiculés pour exacerber le racisme et la xénophobie sont systématiquement démentis par les faits.

« L'immigration ruine les finances publiques. » Voilà l'argument massue utilisé par le FN qui avance régulièrement un coût de 70 milliards d'euros par an. Ce chiffre est faux. En 2010, l'économiste Xavier Chojnicki avait été chargé par le gouvernement Fillon (qu'on ne peut suspecter de complaisance sur l'immigration...) d'une étude sur le sujet, qui fait depuis autorité et qui conclut que « la contribution nette globale de l'immigration au budget de l'État serait ainsi positive et de l'ordre de 3,9 milliards d'euros pour l'année 2005[1] ». Une autre étude de l'université de Lille, citée par le collectif d'économistes Ecolinks, établit que « la contribution moyenne d'un immigré au budget des administrations publiques serait supérieure à celle d'un natif et la contribution nette globale de l'immigration aux budgets publics serait d'environ 12 milliards d'euros[2] » en 2005 (48 milliards reçus en

---

1. Hillel Rapoport (sous la dir.), *Migrations et protection sociale : étude sur les liens et les impacts de court et long terme*, Rapport pour la Drees-Mire, juillet 2010.
2. Ecolinks, *Petit manuel économique anti-FN*, Paris, Le Cavalier bleu, 2017.

prestations sociales, contre 60 milliards de cotisations). Cette désinformation du FN sur « le coût exorbitant » de l'immigration a également été confirmée par une étude de l'Organisation de coopération et de développement économiques (OCDE). En juin 2013, elle constatait que l'impact fiscal de l'immigration au sein de ses pays membres était très faible. En revanche, le coût de la politique européenne de lutte contre l'immigration clandestine est exorbitant. Il s'élèverait, depuis 2000, à 11,3 milliards d'euros pour les seules reconduites à la frontière d'immigrés illégaux, selon l'enquête d'un consortium de journalistes européens The Migrants Files[3]. « Depuis son lancement en 2004, la seule Frontex [agence européenne de coopération aux frontières, NdA] a englouti près d'1 milliard d'euros », écrivent-ils.
La crise de 2008 a réveillé les vieux démons et offert une nouvelle opportunité au FN d'alimenter la peur de voir les immigrés prendre les emplois des non-immigrés. Autrement dit, « expulsez les étrangers et la France retrouvera le chemin du plein-emploi ». Cette recette simpliste s'appuie sur une vision du marché du travail qui l'assimile à un jeu de chaises musicales à somme nulle. Or, une personne immigrée est aussi un salarié qui possède des compétences, un consommateur, un contribuable qui augmente la demande globale, l'activité, donc l'emploi... et la croissance potentielle. L'expulsion des travailleurs étrangers ne résoudrait donc en rien le chômage de masse qui est la conséquence d'autre chose : la « concurrence libre et non faussée » et la financiarisation de l'économie qui sont fortement destructrices d'emplois. C'est donc dans les exigences de rendement rapide et démesuré des marchés financiers, et la priorité donnée au versement des dividendes sur les investissements et la rémunération du travail que se trouve la véritable cause de la crise, et non dans les mouvements migratoires. À l'inverse, l'immigration est une richesse pour le pays d'accueil. Il suffit pour s'en convaincre de considérer l'apport des immigrés à la société française sur les plans démographique, industriel, culturel et sportif. Ils sont à l'origine de la bonne santé de la natalité française. Ils ont construit la France industrielle et résidentielle du

3. « The Money Trails », *The Migrant Files*, 18 juin 2015.

XIXe siècle aux Trente Glorieuses. Sur le plan scientifique et artistique, il suffit d'en citer quelques-uns : la physicienne Marie Curie et le poète Apollinaire, tous deux d'origine polonaise, Picasso, venu d'Espagne, ou encore aujourd'hui les comédiens et humoristes Omar Sy et Jamel Debbouze, qui ont grandi à Trappes en banlieue parisienne et sont d'origine sénégalaise pour le premier, marocaine pour le second. Qui ne sait ce que la France sportive doit aux footballeurs Platini (Italie) et Zidane (Algérie), au rugbyman Benazi (Maroc) ou au handballeur Karabatic (Yougoslavie) ? Qui enfin peut nier le rôle des tirailleurs sénégalais et des zouaves nord-africains au cours de la Première Guerre mondiale, ainsi que celui des tabors marocains dans la libération de la France ?

3•

La « préférence nationale » est-elle compatible avec les valeurs républicaines ?

Contrairement à son père, Marine Le Pen défend désormais la République et surtout la Ve. Elle, qui clame sa passion pour une conception autoritaire du pouvoir, s'accommode bien de son côté monarchique.

Marine Le Pen a récemment confirmé son attachement à l'article 49.3 de la Constitution qui permet de faire approuver des lois sans débat parlementaire. Elle veut revenir aux fondamentaux de cette Constitution qui prévoit le recours permanent au référendum au détriment du parlement et d'une démocratie locale et citoyenne. Elle est d'ailleurs favorable à une diminution drastique du nombre des élus et des collectivités. Elle propose l'adoption d'un mode de scrutin proportionnel, mais avec une prime de 30 % au premier élu et l'élimination de ceux qui ont obtenu moins de 5 % des voix. En fait de démocratie, on fait mieux ! Elle veut surtout inscrire dans ses principes ce que son père appelait la « préférence nationale » et qu'elle nomme désormais la « priorité nationale ».

Or cette idée est totalement contraire aux valeurs républicaines. Celles-ci s'incarnent depuis la Ire République dans le droit du sol qui permet aux enfants d'étrangers nés en France d'être Français, droit que Marine Le Pen veut abolir, et se trouvent réaffirmées dans la Constitution de 1946 issue de la Résistance dont le préambule est très clair : « Au lendemain de la victoire remportée par les peuples libres sur les régimes qui ont tenté d'asservir et de dégrader la personne humaine, le peuple français proclame à nouveau que tout être humain, sans distinction de race, de religion ni de croyance, possède des droits inaliénables et sacrés. » Et dans les passages concernant le droit à la santé, au travail, à la protection, il y est toujours question de « l'individu », de « chacun », de « tous »... et jamais uniquement des détenteurs de la nationalité française. Le FN en est bien cons-

cient puisque Marine Le Pen a appelé à organiser un référendum pour modifier la Constitution à ce sujet.
Le Front national prétend résoudre quantité de problèmes de la société française (chômage, mal-logement, déficits des comptes sociaux...) en appliquant le concept de « préférence nationale », mesure introduite dans son programme dès les années 1980. À l'époque, Jean-Marie Le Pen faisait campagne sur l'idée de « réserver sur notre territoire national le travail en priorité aux fils et aux filles de France ». En 2011, Marine Le Pen a assuré défendre la même idée sans « aucun changement » sous le nom de « priorité nationale ». Il s'agit d'instaurer une « inégalité légale » fondée sur « l'appartenance ou la non-appartenance à la nationalité » pour « mettre en place une différence de traitement » dans les domaines de l'emploi, du logement et de l'école. La « priorité nationale » permet à Marine Le Pen d'éviter de s'attaquer aux inégalités réelles qui minent la France et d'opposer les femmes et les hommes qui y vivent en désignant des boucs émissaires.
Cette idée est-elle compatible avec les valeurs républicaines ? Le bras droit de la présidente du FN, Florian Philippot, prétend qu'elle serait même « plus que républicaine ». Pour rassurer les électeurs, Marine Le Pen évoque régulièrement la Suisse, qui aurait adopté le principe de la préférence nationale. Mais ce que la présidente du FN omet de signaler, c'est que cet article de la Constitution helvétique a été ratifié en 2014 sur l'initiative d'un parti ultralibéral et ouvertement xénophobe, l'Union démocratique du centre (UDC), qui défend des thèses voisines du FN.
Ainsi dédouané en apparence, le FN peut s'attaquer au principe d'égalité, l'un des piliers de la devise républicaine, comme s'il s'agissait d'une « loi » comme une autre. Marion Maréchal-Le Pen ne se gêne d'ailleurs plus pour le dire : « La France n'est pas que la République, déclarait-elle en juin 2015. Je ne comprends pas cette obsession pour la République. »
Cette idée trouve aussi un public dans la mesure où précisément la devise « Liberté, Égalité, Fraternité » est rarement respectée dans les faits, car elle se heurte aux multiples inégalités qui minent la société française. Le FN justifie son idée de « préférence nationale » par l'existence d'une prétendue « préférence étrangère » qui restreindrait les droits des Français. En réalité,

comme le signale le Défenseur des droits dans un document relatif aux droits fondamentaux des étrangers en France, rendu public le 9 mai 2016, il n'existe aucune « préférence étrangère » en France. Ce serait même plutôt le contraire : bien souvent, observe-t-il, on « limite de fait le plein accès aux droits fondamentaux des étrangers » en matière de prestations sociales, de santé, de retraites, de scolarisation, etc.

Le FN exploite ainsi les frustrations des victimes des politiques antisociales qui entretiennent la pénurie d'emplois et de logements accessibles et restreignent les prestations sociales. Au lieu de lutter contre ces inégalités, Marine Le Pen met en concurrence ceux qui les subissent en les dressant les uns contre les autres. Au bout du compte, tout le monde serait perdant : retirer des droits aux étrangers alors qu'ils sont soumis aux mêmes impôts que le reste de la population et que ceux qui sont salariés payent les mêmes cotisations sociales, ne créerait en effet aucun droit nouveau pour les Français. Le FN prétend que cela libérerait autant de ressources pour ceux qui ont la nationalité, mais il ne prévoit pas d'augmenter ou d'étendre les programmes sociaux, bien au contraire : la « préférence nationale » serait alors le premier pas vers le retrait des droits à tous en réduisant les budgets sociaux. Tout le contraire de la devise républicaine.

4•

Marine Le Pen défend-elle la laïcité ?

Alors que son père, Jean-Marie Le Pen, n'a cessé d'attaquer avec violence les « laïcards », Marine Le Pen s'est emparée de la notion de laïcité pour la dévoyer et en faire le prétexte plus consensuel de son racisme, notamment à l'égard des seuls musulmans.

Pour Marine Le Pen, la laïcité protégerait l'« identité chrétienne de la France ». Lisez et écoutez attentivement ses discours et propositions : dans sa bouche, le mot est toujours associé à ceux d'« immigration », de « violation », et de « communautarisme[1] ». Car c'est bien l'immigration extra-européenne qui est visée. La laïcité est utilisée pour lutter contre une religion en particulier : l'islam.

La loi de 1905, dont elle ose se réclamer, garantit le contraire : la liberté de conscience et de culte[2], quel qu'il soit. Mais aussi la liberté de ne pas croire, ce qui ne plaît pas non plus à la candidate d'extrême droite, qui déplorait en 2012 « la déchristianisation de la France ». Son analyse est claire : l'Église catholique recule au profit de l'islam. Ce qui lui permet de déclarer, dans *Le Point* en février 2011, que « l'élection présidentielle sera un vote de civilisation plus qu'un simple choix politique ». Pour 2017, son opinion n'a pas changé.

En réalité, en imposant l'idée que « l'immigré » est devenu « le musulman », le lepénisme fait d'une problématique sociale une problématique culturelle. Les prières de rue musulmanes, comparées par Marine Le Pen à l'occupation nazie, ne sont pourtant pas si différentes des processions catholiques, d'autant qu'elles sont provoquées par le faible nombre et l'étroitesse des

---

1. Cécile Alduy et Stéphane Wahnich, *Marine Le Pen prise aux mots*, Paris, Le Seuil, 2015.
2. « La République assure la liberté de conscience. Elle garantit le libre exercice des cultes sous les seules restrictions édictées ci-après dans l'intérêt de l'ordre public. » Loi du 9 décembre 1905 concernant la séparation des Églises et de l'État, article 1.

mosquées. Elles sont épinglées par le FN parce qu'elles rendent visible cette population qui l'indispose. Tout comme le port du voile ou de la kippa, que Marine Le Pen propose d'interdire dans tous les espaces publics, ce qui serait totalement contraire à la loi de 1905. Celle-ci n'enferme pas la religion dans une pratique privée, mais sépare les Églises de la tutelle de l'État, et précise ainsi qu'il n'existe plus de religion « officielle », comme c'était le cas auparavant avec l'Église catholique.

La polémique de l'été 2016 sur le burkini, ce vêtement que certaines femmes musulmanes revêtent pour se baigner, est sur ce point édifiante. Loin de défendre le droit des femmes, les interventions iniques de la police sur les plages, applaudies par Marine Le Pen, montrent quelle société nous prépare la candidate d'extrême droite : des hommes arrêtés pour « port de kippa » ou des femmes voilées assignées à résidence... Pour la féministe qu'elle prétend être, on a vu mieux ! D'autant qu'on n'a jamais entendu Marine Le Pen se plaindre de croiser des prêtres en soutane ou des nonnes à cornette dans les lieux publics de l'Hexagone. En 1905, Aristide Briand, rapporteur de la loi sur la laïcité, jugeait déjà « ridicule » de vouloir faire « modifier la coupe de leurs vêtements » aux religieux : de fait, cela devenait « dès le lendemain de la séparation [des Églises et de l'État] un vêtement comme un autre ». Cent douze ans plus tard, au motif de « lutter contre le communautarisme », de « protéger les femmes », le législateur devrait donc se préoccuper de couture ? Sans compter que cette interdiction du voile dans l'espace public est contraire à la Convention européenne des droits de l'homme[3] de 1950 dans la mesure où elle porte atteinte aux libertés individuelles.

Une autre croisade du Front national consiste à faire croire que l'islam serait, par essence, incompatible avec le respect de l'autre, étranger à la civilité, hostile à la reconnaissance des droits des femmes. Dans le programme présidentiel de Marine

---

3. « 1. Toute personne a droit à la liberté de pensée, de conscience et de religion ; ce droit implique la liberté de changer de religion ou de conviction, ainsi que la liberté de manifester sa religion ou sa conviction individuellement ou collectivement, en public ou en privé, par le culte, l'enseignement, les pratiques et l'accomplissement des rites. » Convention européenne des droits de l'homme, article 9.

Le Pen de 2012, un chapitre s'intitulait « La laïcité républicaine contre l'islam ». Or, l'appartenance déclarée à une religion ne met pas en cause la laïcité, et cette dernière n'a pas vocation à se dresser contre une religion en particulier, mais bien de garantir la liberté de tous de croire. Ou pas. La récente déclaration de Marine Le Pen le 11 septembre 2016 sur TF1, jugeant finalement l'islam « compatible » avec la République, souligne toute l'ambiguïté de sa pensée : elle y adoube « un islam tel que nous l'avons connu ». Où ? Dans les colonies, où la France avait mis sous tutelle les représentants de l'islam et exclu les « indigènes » du suffrage universel ? Elle ajoute, « un islam laïcisé par les Lumières comme les autres religions », comme si les membres du FN qui ont participé à la « manif pour tous » étaient inspirés par les Lumières... Ainsi, l'une de leurs figures de proue, Marion Maréchal-Le Pen, déclarait en mai 2016, lors du congrès de l'Action française qui exècre la République, que « l'essentiel de l'histoire de France s'est faite sous la monarchie ». En demandant un *aggiornamento* à une seule religion, l'islam, Marine Le Pen fait interférer le politique dans les affaires religieuses. L'État se mêlerait de religion, en totale contradiction encore une fois avec la lettre et l'esprit de la loi de 1905, qui organise la séparation des Églises et de l'État en même temps qu'elle garantit la liberté de conscience, d'opinion et de pratique religieuse. C'est l'un et l'autre ; l'un sans l'autre, ce n'est pas la laïcité.

5•

Marine Le Pen est-elle la candidate « antisystème » ?

La candidate d'extrême droite se proclame « antisystème » et pourfend le « tous pourris » alors que tout, dans son parcours, démontre sa propre appartenance à une oligarchie qu'elle prétend combattre.

Voilà une imposture transmise par héritage : son père, Jean-Marie Le Pen, a construit toute sa carrière politique sur le mensonge de l'« anti-établissement ». C'est une tradition ancienne à l'extrême droite, qui remonte à la fin du XIXe siècle, avec ce que l'universitaire américain Gabriel Goodlife appelle la « première incarnation du national-populisme en France [1] », le boulangisme, premier exemple de mouvement antisystème.

L'arrivée en politique de Marine Le Pen en dit long sur cette imposture. À son père, qui a bénéficié du riche héritage du cimentier Lambert, elle doit tout : son premier stage dans un cabinet d'avocats ami du FN, sa nomination au comité central du parti en 1997, son embauche en 1998 au service juridique, son poste de vice-présidente en 2003, son élection à la tête du parti en 2011, etc. Son parcours d'élue contredit aussi l'argument de la nouveauté : la présidente du Front national cumule les mandats électifs. Elle est députée européenne depuis douze ans, élue en 2004 sur la circonscription d'Île-de-France, en 2009 et en 2014 sur celle du Nord-Ouest ; et conseillère régionale depuis dix-huit ans, élue dans le Nord-Pas-de-Calais en 1998, en Île-de-France en 2004, puis à nouveau dans le Nord-Pas-de-Calais en 2010 et les Hauts-de-France en 2015. Un beau palmarès pour quelqu'un qui se prétend « hors système »...

Et si la châtelaine de Saint-Cloud rencontre des problèmes de financement de sa campagne, elle ne le doit pas, contrairement à ce qu'elle avance, à l'ostracisme dont elle ferait l'objet. En réalité, les banques craignent d'être associées à des montages

1. Gabriel Goodliffe, *The Resurgence of the Radical Right in France: From Boulangisme to the Front National*, Cambridge, Cambridge University Press, 2012.

troubles : toutes les campagnes du FN depuis 2012 (législatives, départementales, régionales, municipales) ont été à ce point entachées d'irrégularités qu'elles font l'objet d'enquêtes judiciaires. Heureusement pour le parti d'extrême droite et pour Marine Le Pen, l'association de financement de Jean-Marie Le Pen, Cotelec, prêtera à sa fille six millions d'euros pour la campagne présidentielle de 2017... à 3 % d'intérêts. Les brouilles familiales n'empêchent pas les affaires, c'est ainsi que perdure l'entreprise Le Pen, un système en soi. Le clan Le Pen est d'ailleurs sous le coup d'une enquête fiscale pour avoir sous-estimé sa déclaration de patrimoine. Enfin, le Parlement européen a condamné Marine Le Pen à rembourser le salaire de ses deux assistants parlementaires pour cause d'emploi fictif : ils travaillaient en effet pour le compte exclusif du Front national.

Un autre thème cher au Front national : le « tous pourris ». D'après Marine Le Pen, seul son parti, selon un de ses anciens slogans, avance « tête haute et mains propres », alors que tous les autres, ceux qu'elle nommait l'UMPS, cumulent politique et affaires. Vérifications faites, ce serait plutôt le contraire. Une enquête parmi les plus sérieuses effectuées sur les condamnations et mises en examen du FN montre qu'entre 1997 et 2012 le parti d'extrême droite comptait 357 élus qui, sur cette période, ont totalisé 56 condamnations ou mises en examen, soit 15,68 % de ses élus ! Loin devant les 3,12 % des élus de droite dans le même cas, des 1,94 % des élus socialistes, et surtout très loin des 0,35 % des 43 715 élus nationaux[2].

Sous la présidence de Marine Le Pen, la situation ne s'est guère améliorée. Ni dans la transparence quant à l'utilisation des financements publics de ses campagnes : des cadres du FN, dont le trésorier Wallerand de Saint-Just, et des structures liées à ce parti sont renvoyés en correctionnelle pour « escroqueries » aux élections législatives de 2012. Ni dans son recrutement : le conseiller régional Philippe Vardon est condamné en septembre 2016 à six mois de prison ferme pour une rixe ; deux colistiers FN de Montbéliard sont condamnés le même mois pour abus de faiblesse sur une vieille dame de 90 ans ; Jean-Marie

2. Pour tout vous dire, « Comme une impression de "tous pourris" », 3 avril 2013.

Le Pen lui-même est définitivement condamné en octobre 2016 à trois mois de prison avec sursis pour « complicité d'apologie de crimes de guerre et contestation de crimes contre l'humanité ». En matière de « mains propres », on fait mieux…

6.

Marine Le Pen défend-elle vraiment la culture ?

Le Front national se mêle désormais de culture. Il ose se réclamer de l'exception culturelle et affirme vouloir en finir avec « les élites » artistiques et redonner la parole au public. Pourtant, la gestion des villes FN offre un tout autre spectacle.

À l'opposé de la richesse de la création artistique, c'est une vision totalement ossifiée du patrimoine – français bien sûr –, que défend le Front national. L'exception culturelle, ce combat qui permet d'écarter la culture des accords commerciaux mondiaux, une liberté accordée aux artistes vis-à-vis de tous les pouvoirs politiques et marchands, est travestie par le FN en une défense des seules œuvres françaises, sans critique de la marchandisation de la culture. Marine Le Pen compte « réformer le régime des intermittents du spectacle pour stopper les déficits », en clair le supprimer et le remplacer par des dispositifs d'insertion professionnelle réservés uniquement aux Français.

Tout en mettant en place la « préférence nationale », la politique culturelle du FN s'attaque également à la liberté des artistes et des institutions culturelles publiques, accusées d'être trop politisées, sous-entendu « à gauche », et décalées par rapport aux aspirations culturelles des classes populaires – les édiles du Front national prétendant savoir ce que veut le peuple. C'est ainsi que les premiers budgets à avoir subi les foudres des municipalités FN et apparentées concernent la vie culturelle. Partout où ils sont au pouvoir, les élus FN opèrent une réorientation politique et idéologique des budgets dédiés à la culture : censure, déprogrammation et interdiction de spectacles, fermeture de lieux artistiques pour privilégier la transformation de lieux culturels en salles des fêtes, exaltation des traditions et des festivités populaires et organisation de conférences d'auteurs « identitaires » et « patriotes ».

À Marseille, Stéphane Ravier a tout fait pour fermer le Centre culturel de la Busserine, une cité populaire des quartiers nord, invoquant des spectacles « orientés ». À Béziers, l'Espace Riquet, centre d'art contemporain, a été remplacé par un musée taurin. Robert Ménard n'a pas hésité non plus à rebaptiser « Nos ancêtres les Gaulois » une exposition scientifique de La Villette, ni à harceler des directeurs de théâtre, préférant installer une crèche de Noël dans le hall de la mairie et organiser aux frais des contribuables un cycle de conférences inauguré par Éric Zemmour... À Hayange, en Moselle, en guise de politique culturelle, le maire FN Fabien Engelmann a inauguré une Fête du cochon qui n'avait jamais existé auparavant, au nom de la « tradition lorraine ». Ce maire s'est aussi illustré en repeignant en bleu, blanc et rouge les wagons conservés en hommage aux mineurs, ainsi qu'une sculpture installée dans l'espace public. Enfin, dans plusieurs de ces municipalités, les maires ont interdit les cours de danses orientales.

Ce populisme représente l'un des axes du projet de société nationaliste, xénophobe et obscurantiste du Front national, pour s'emparer du champ symbolique de la culture et y imposer sa domination. En captant les peurs générées par le déclassement social et les pulsions identitaires qu'elles provoquent, le populisme veut conduire les peuples vers une nouvelle servitude volontaire. Car, au-delà du rejet des avant-gardes esthétiques et des expériences artistiques contemporaines, le discours anti-élites et anti-intellectuels de Marine Le Pen a surtout pour objectif de ne pas permettre de rencontres entre les classes populaires et les artistes ou les créateurs, cloisonnés chacun dans leur monde. Comment prétendre parler « au nom du peuple » tout en lui refusant l'émancipation par l'éducation et la culture ?

7•

Le programme du FN permet-il d'assurer la sécurité des Français ?

La sécurité est une obsession récurrente du FN, un credo électoral juteux qui, pour justifier un projet liberticide, s'appuie sur l'aspiration légitime des Français à vivre en sécurité. Marine Le Pen prône la « tolérance zéro » et la fermeture des frontières. Deux piliers qui, parce qu'ils ne s'attaquent jamais aux racines sociales et culturelles de l'insécurité, ont déjà fait la preuve de leur inefficacité.

« Le FN est pour le réarmement moral, humain et matériel de nos forces de sécurité, adossé à une politique de tolérance zéro et d'arrêt de l'immigration massive », lançait en janvier 2017 le secrétaire général du FN Nicolas Bay sur le site de son parti, évoquant « l'ensauvagement de la société française ».

« Tolérance zéro » : le parti d'extrême droite s'enorgueillit de porter de longue date ce slogan, repris mot pour mot par Nicolas Sarkozy lors de la campagne présidentielle de 2007 et qu'il avait mis en œuvre comme ministre de l'Intérieur avant même d'accéder à l'Élysée. Peines planchers, double peine aménagée mais pas supprimée, rétention de sûreté, pénalisation de l'occupation des halls d'immeubles, vidéosurveillance, détention provisoire dès l'âge de 13 ans, centres éducatifs fermés... L'ancien président et son Premier ministre de l'époque, François Fillon, ont déjà appliqué de nombreuses mesures préconisées par le FN. Si le parti compte augmenter les effectifs de police, il ne parle jamais de police de proximité, pourtant seul moyen d'allier prévention et sanction. Il prône également l'inique rétablissement de la peine de mort. Ce n'est pas le tour de passe-passe opéré dans le discours de Lyon de février 2017 qui supprime cette position jamais démentie dans l'histoire du FN : Marine Le Pen propose en effet de ne pas revenir sur son abolition, mais si un référendum « d'initiative populaire » le réclame, elle soumettra « son rétablissement au vote populaire ». Ce tout-répressif liberticide, assorti de la réduction à la portion congrue de la prévention, a fait la preuve de son inefficacité sous la présidence de Nicolas

Sarkozy. C'est ainsi qu'entre 2006 et 2011, les violences physiques ont augmenté de 14 %, selon l'Observatoire national de la délinquance[1].

Deuxième pilier lepéniste : « Stopper les flux migratoires vers la France ». En la matière, Marine Le Pen n'hésite pas à instrumentaliser les attentats dramatiques que nous avons connus depuis le 7 janvier 2015, pour appuyer ses propositions sous couvert d'arguments faisant prétendument appel au bon sens. « Les terribles attentats de 2015 ont tragiquement jeté la lumière sur cette vérité cruelle : les chemins des migrants sont aussi ceux qu'empruntent les terroristes, et nous ne maîtrisons en rien ce phénomène », avance la candidate d'extrême droite, en janvier 2016, pour étayer sa proposition. Sauf que la plupart des protagonistes des attentats commis en France et en Belgique n'étaient pas des migrants mais des résidents français ou belges de ces pays. Certes, certains d'entre eux avaient fréquenté Daesch en Syrie, mais ils étaient déjà repérés comme djihadistes et ce sont donc les défaillances du renseignement qui sont en cause, et non les réfugiés. Déchéance de nationalité pour les « binationaux » participant des « mouvances islamistes », rétorque alors la candidate d'extrême droite, comme elle l'avait fait après les attentats de novembre 2015. Au-delà de l'atteinte aux valeurs républicaines qu'elle représente, cette proposition, reprise par François Hollande avant qu'il fasse marche arrière sous la pression de l'opinion, serait inefficace, sauf à croire que des personnes prêtes à mourir en commettant un attentat y renonceraient de peur de perdre leur nationalité ! En réalité, ces propositions ont un tout autre objectif : dresser les Français contre les migrants, mais aussi semer la division entre « les bons et les mauvais Français », de quoi entretenir la haine de l'autre et le repli sur soi, encore plus générateurs d'insécurité pour tous. Surtout, cette stratégie délibérée permet de ne jamais interroger les véritables causes de l'insécurité, tout en accusant sans cesse

---

1. Selon le ministère de l'Intérieur, en 2016 : + 4 % pour les cambriolages, + 11 % pour les homicides hors attentat, – 12 % pour les vols avec armes, – 4 % pour les vols violents sans arme. Alain Bauer (sous la dir.), *La criminalité en France. Rapport de l'Observatoire national de la délinquance et des réponses pénales 2011*, Paris, CNRS Éditions, 2011.

de « laxisme » ou d'« angélisme » ceux qui entendent s'y attaquer. Pour Marine Le Pen, « insécurité = immigration », mais elle passe volontairement sous silence certains paramètres de l'équation : chômage et pauvreté, inégalités sociales et culturelles, échec et décrochage scolaires, discriminations et racisme... Un exemple : à Marseille, la carte des règlements de comptes qui endeuillent régulièrement la cité phocéenne correspond à la concentration dans cette partie de la ville d'une grande partie des 25 % de Marseillais qui vivent sous le seuil de pauvreté [2].

Garantir les droits sociaux et culturels, les droits à l'éducation et à l'emploi pour tous, favoriser le vivre et le faire-ensemble par le plein exercice de la citoyenneté dans la cité, recréer une police et une justice de proximité, sont sans aucun doute les plus sûrs moyens de protéger et d'assurer la sécurité de chacun de nos concitoyens.

---

2. Philippe Pujol, *La Fabrique du monstre*, Paris, Les Arènes, 2016.

8.

Marine Le Pen est-elle féministe ?

Attaques indirectes contre l'IVG, incitation au retour au foyer pour les femmes… Le programme de Marine Le Pen représenterait une régression sans précédent pour les droits des femmes.

Étant l'une des seules candidates à la présidentielle, Marine Le Pen entend pousser son avantage. Depuis qu'elle a pris les rênes de la formation d'extrême droite, elle tente de glisser sous le tapis toutes les attaques de son parti à l'encontre des droits des femmes pour séduire des électrices qui faisaient défaut à son père. En effet, selon une étude du Cevipof[1], lors de la présidentielle de 2002, le leader frontiste n'aurait pas été qualifié pour le second tour si seules les femmes avaient voté, alors qu'il aurait été en tête du premier si seuls les hommes s'étaient exprimés. « Est-ce que je suis pour qu'elles [les femmes] soient traitées de manière égale avec les hommes ? Oui, en tout domaine, en toutes circonstances, quel que soit le sujet », déclarait Marine Le Pen à l'automne dernier sur BFM TV, refusant pour autant de s'assumer « féministe ». Et pour cause… Ses intentions affichées entrent en collision avec les propositions avancées par son parti et les actes posés par ses élus.

En mars 2015, au cours d'une commission de l'Emploi et des Affaires sociales du Parlement européen, alors que les eurodéputé(e)s s'interrogeaient sur des mesures pour garantir l'égalité salariale, la représentation des femmes aux postes de cadres, ou encore leur accès au marché du travail, le député FN Dominique Martin propose de laisser aux femmes « la liberté de rester chez elles ». Sur l'une des conquêtes majeures pour le droit des femmes à disposer de leur corps, l'interruption volontaire de grossesse (IVG), le FN, loin d'en défendre l'accès, argumente à front renversé pour ne pas s'y dire ouvertement opposé. « Le libre choix pour les femmes doit pouvoir être aussi celui de ne pas avorter », peut-on lire sur son site officiel, suivi par l'en-

---

1. Cevipof, « Le vote hommes/femmes au premier tour de la présidentielle », 2007.

gagement d'instaurer l'« adoption prénatale », incitant celles qui se retrouvent accidentellement enceintes sans l'avoir désiré de se désister en faveur d'un couple souhaitant adopter. Lors de la dernière présidentielle, Marine Le Pen avait d'ailleurs estimé nécessaire de « dérembourser » les « avortements de confort [sic] » qui, selon elle, auraient tendance à se multiplier. Un discours destiné à délégitimer le recours à l'IVG loin d'être étayé. Selon les données de l'Institut national d'études démographiques (Ined), ce supposé usage déraisonné ne se traduit pas dans les faits. Le taux d'IVG, par an, pour 1 000 femmes, est même passé de 19,6 en 1976 à 14,5 en 2015[2].

Quant à la prétendue volonté de privilégier la contraception avancée par la candidate, elle est contredite par les prises de position frontistes. Des candidats du FN aux élections régionales de 2015, à commencer par Marion Maréchal-Le Pen, ont mené une campagne virulente contre les subventions au Planning familial, dénonçant « des associations politisées » qui « véhiculent une banalisation de l'avortement ». Avec 60 000 personnes reçues en consultations et, au-delà, 750 000 personnes rencontrées par an[3], ces associations jouent pourtant un rôle majeur dans la prévention et l'accès à la contraception que le FN prétend encourager. Ce décalage entre la posture et les actes se retrouve dans les votes des députés d'extrême droite à l'Assemblée nationale. En avril 2016, Marion Maréchal-Le Pen et Gilbert Collard se sont ainsi prononcés contre la loi pour l'abolition du système prostitutionnel, contre la loi pour l'égalité réelle entre les femmes et les hommes, ou encore contre la loi sur le harcèlement sexuel.

Quant aux écarts de salaires entre hommes et femmes qui, selon l'Observatoire des inégalités, atteignent 23,5 % en moyenne[4], le Front national ne formule aucune proposition concrète pour les réduire, ce qui est une façon de légitimer cette injustice.

En revanche, la stratégie de Marine Le Pen sur la question du droit des femmes devient transparente à la lecture d'une tribune

2. Ined, « Évolution du nombre d'avortements et des indices annuels », www.ined.fr.

3. Planning familial, « Structure du mouvement », www.planning-familial.org.

4. Observatoire des inégalités, « Les inégalités de salaires entre les femmes et les hommes : état des lieux », 2016.

de janvier 2016, publiée dans *L'Opinion* au lendemain d'une série d'agressions de femmes à Cologne. À grand renfort de citation de Simone de Beauvoir, pour parfaire son imposture, elle y désigne comme en chaque occasion sa véritable cible : l'immigration. Assimilant l'ensemble des migrants aux agresseurs, y mêlant le terrorisme et le fondamentalisme islamiste, elle indique que la « crise migratoire signe le début de la fin des droits des femmes ». Ou comment alimenter la peur en pratiquant l'amalgame et en masquant par cette propagande l'absence de tout engagement en faveur de l'émancipation des femmes.

9•

Marine Le Pen combat-elle le capitalisme ?

Publiquement hostile à la mondialisation, la candidate d'extrême droite ne remet pas en cause le capitalisme mais souhaite qu'il s'épanouisse à une échelle nationale. Le monde de la finance n'a rien à craindre du projet du Front national.

Le capitalisme a constamment besoin de diviser la masse de ceux qu'il opprime pour mieux régner et doit sans cesse légitimer les inégalités dont il se nourrit. Le Front national fournit une argumentation nationaliste à la règle de la concurrence généralisée qui, sur la planète entière, met en compétition les États et les travailleurs dans une course effrénée à la rentabilité financière. En ciblant obsessionnellement l'immigration comme origine de tous les maux, le FN fait de la nationalité le critère discriminant expliquant à la fois la crise du capitalisme néo-libéral – « c'est la faute des étrangers » – et lui donnant une issue – « privilégions les nationaux et rejetons les autres ». L'idée de « préférence nationale » érigée comme totem idéologique et fondement programmatique instaure l'inégalité comme état de fait souhaitable, à mille lieues d'un projet anticapitaliste d'égale répartition des richesses et des moyens de production donnant la priorité aux besoins humains contre ceux du capital. Ceux qui pensent que le FN lutte contre le dumping social (peser sur les salaires en exacerbant la concurrence entre les travailleurs) en condamnant l'immigration et l'Union européenne se trompent. Son objectif est simplement de déboucher sur un dumping social « franco-français ».

Chaque fois que l'intérêt général est menacé, le Front national choisit le camp des plus forts, des privilégiés et des nantis. Son attitude antigrévistes et antisyndicats lors des manifestations contre la loi Travail n'est qu'un exemple parmi d'autres. Dans la plus pure doxa libérale, le parti d'extrême droite plaide fréquemment pour un « allégement du coût du travail », qui plus est en diminuant les cotisations sociales, sans jamais cibler le coût du capital. Il s'oppose ainsi au salaire socialisé[1] dans le but d'augmenter les plus-values patronales. Cela fait de sa « défense » de la protection sociale et des services publics une imposture totale.

Le Front national s'est également réjoui de l'invitation qui lui a été envoyée par le Medef en janvier 2017. Bernard Monot, l'un des rédacteurs du programme économique du parti, en a profité pour déclarer que « le FN est l'ami de toutes les entreprises, du petit commerçant au géant français du CAC 40 », avant d'insister : « Je rappelle que nous sommes de vrais libéraux, partisans sans ambiguïtés de l'économie de marché et de la libre entreprise. » Sur France Inter, Marine Le Pen elle-même s'était qualifiée d'« anti-ultralibérale », mais pas d'« antilibérale ». Alors que son père tenait un discours à la Reagan, ultralibéral caché sous un vernis « social », Marine Le Pen affiche, elle, son ralliement à Donald Trump, l'homme des grands groupes, de la finance prédatrice américaine et des cadeaux fiscaux aux entreprises, ce qui montre bien la duplicité et l'imposture du discours économique du Front national. Quand on voit les premières mesures prises par Donald Trump (limitation du droit à l'avortement, construction du mur entre le Mexique et les USA, limitation de l'accès au territoire des musulmans, remise en cause des décisions écologiques de Barack Obama contre les trusts pétroliers, démantèlement de la Sécurité sociale – l'*Obamacare*), on frémit d'avance à ce que serait une présidence Le Pen en France. Comme Donald Trump, Marine Le Pen prône une défense nationaliste du capitalisme. À ses yeux, l'État est là pour garantir et promouvoir un capitalisme français, en mettant en place des frontières et des protections pour les entreprises pratiquant ce qu'elle appelle le « patriotisme économique », en échange de quoi on allège considérablement leurs impôts : ainsi Donald Trump qui promet une baisse de la fiscalité sur les sociétés de 35 % à 15 %. Ce positionnement explique pourquoi Marine Le Pen ne fait aucune proposition pour mettre fin à l'exploitation des salariés, aux temps partiels, à l'intérim, au harcèlement moral ou sexiste, aux inégalités de salaires entre les femmes et les hommes. Elle reste profondément attachée à une économie fon-

1. La partie du salaire qui alimente l'ensemble des allocations sociales.

dée sur la valorisation de l'action individuelle et entrepreneuriale, ainsi qu'à la déréglementation sociale et la flexibilité exigées par le patronat. Au bout du compte, ce sont les profits des patrons français qui l'intéressent. Elle veut protéger leur compétitivité dans le cadre d'une reconstruction d'États-nations hostiles et concurrents.

10.

La sortie de l'Union européenne résoudrait-elle les problèmes de la France ?

« Et maintenant la France ! », exultait Marine Le Pen après le vote des Britanniques en faveur du Brexit. Or, que se passe-t-il aujourd'hui pour les travailleurs britanniques ? Des perspectives meilleures sont-elles en train de s'ouvrir pour leurs salaires, leurs emplois, leurs conditions de vie ? Pas du tout.

Pour eux, rien ne change. Les dirigeants de la droite et de l'extrême droite britanniques qui ont voulu le Brexit négocient avec Bruxelles et les États-Unis de Donald Trump de nouveaux accords commerciaux, toujours basés sur le dumping fiscal et social. Theresa May a même menacé de transformer la City de Londres en gigantesque paradis fiscal pour les actionnaires des grandes entreprises si ses exigences à l'égard de l'Union européenne n'étaient pas satisfaites.

Les partisans du Brexit ont montré les travailleurs étrangers du doigt, comme le fait Marine Le Pen, mais c'était pour mieux continuer à tirer vers le bas ce que les capitalistes appellent partout le « coût du travail » et le trop haut niveau, selon eux, de la protection sociale et des services publics. En Grande-Bretagne, le système de santé publique est déjà très mal en point, et avec Donald Trump qui vient de liquider le maigre programme de Sécurité sociale américain – « *Obamacare* » –, Theresa May va très bien s'entendre.

En vérité, si les peuples européens veulent reconquérir la souveraineté dont ils sont privés aujourd'hui au sein de l'Union européenne, ils doivent impérativement le faire en regagnant partout des droits sociaux communs pour se protéger de la concurrence capitaliste qui utilise les différences de salaires et d'impôts entre les pays pour mettre les travailleurs en concurrence.

La création d'un salaire minimum commun et l'obligation de payer un travailleur aux conditions sociales du pays qui l'ac-

cueille protégeraient bien mieux les travailleurs en Europe que la fermeture des frontières et le retour aux monnaies nationales.
Si les frontières sont rétablies pour la circulation des travailleurs, rien n'empêchera un groupe automobile de faire jouer la concurrence entre ses usines en Europe ou dans le monde.
Si les monnaies nationales sont rétablies, rien n'interdira aux gouvernements de dévaluer ces monnaies pour mener la guerre économique. Mais c'est toujours le pouvoir d'achat des travailleurs qui paie l'addition de ces dévaluations. Les actionnaires, eux, protègent en permanence leurs profits.
Marine Le Pen détourne en fait le regard des travailleurs du vrai visage de l'Union européenne : la concurrence « libre et non faussée » et la déréglementation des marchés financiers, orchestrée par une technocratie bien loin des intérêts des peuples. Ce sont des instances supranationales, désignées par les gouvernements et non élues au suffrage universel, comme la Commission de Bruxelles, la Cour de justice et la Banque centrale européenne, qui gouvernent aujourd'hui les peuples européens. Et ces instances obéissent aux seules lois de la concurrence, c'est cela le problème. Plutôt que de construire une Europe des peuples, solidaire et coopérative, le Front national détourne la colère légitime des citoyens vers l'illusion d'un recentrage nationaliste dans le seul but de développer un capitalisme nationaliste.
Face à une Banque centrale européenne qui sert les exigences des plus gros détenteurs de capitaux, les solutions sont à construire à l'échelle de l'Union européenne. Les peuples ne seront jamais souverains les uns sans les autres, et encore moins les uns contre les autres en développant un capitalisme replié sur des frontières qui les opposera plus que jamais.
Marine Le Pen pousse des cris d'orfraie face à l'austérité imposée par Bruxelles, mais propose de faire exactement la même chose au niveau national puisqu'elle promet, en cinq ans, de réduire la dette publique à zéro et d'inscrire dans la Constitution la règle d'or qui interdit tout déficit, comme le proposent les Européens les plus libéraux.
La cure d'austérité drastique qu'elle prépare plongerait le pays dans un marasme économique, avec le risque de s'en remettre à des privatisations massives. Les services publics qu'elle prétend vouloir protéger seraient ici les grands sacrifiés, avec ou sans

« préférence nationale ». Le Frexit que veut organiser le Front national ressemble ainsi beaucoup plus au Brexit de Theresa May qu'à un retour à l'État-providence. Au bout du compte, un éventuel Frexit, comme le Brexit, ne déboucherait d'aucune manière sur une souveraineté retrouvée mais sur une dépendance accrue vis-à-vis des marchés financiers.

La sortie de la France de l'Union européenne accélérerait la concurrence acharnée entre pays au détriment des salariés, et conduirait à un concours Lépine de dumping social, fiscal et environnemental pour attirer les multinationales. Sur le plan politique, le regain des nationalismes exacerbés, de la xénophobie et du racisme décomplexé mènerait non seulement à un affrontement économique, mais aussi à des conflits guerriers. À l'opposé, la reconquête d'une souveraineté partagée des nations sur la monnaie pourrait permettre l'émergence de grands projets européens sociaux, écologiques et culturels, utiles et créateurs d'emplois. Le problème n'est donc pas le projet européen, mais bien les politiques mises en œuvre au nom de l'Union européenne, qu'il faut totalement réorienter pour engager le bras de fer avec le capitalisme mondialisé et financiarisé.

PARTIE II

DIX RÉPLIQUES AU DANGER DE LA DROITE

1•

Le « coût du travail » est-il la cause de la crise ?

Pour François Fillon, le « coût du travail » serait responsable de tous les maux et sa réduction serait la recette miracle pour relancer la croissance et l'emploi.

« Modération salariale », « réduction des charges sociales[1] », « allégement de la fiscalité des entreprises »… Autant de propositions chocs pour justifier que la facture soit toujours présentée aux salariés, aux chômeurs et aux retraités. « Ce sera, dit le candidat de la droite, l'effort le plus important jamais fourni par notre pays dans son histoire contemporaine. »

« *There is no alternative* », disait déjà en son temps Margaret Thatcher. Pour les adeptes du néolibéralisme, pas de doute : il faut toujours et encore baisser ce qu'ils nomment le « coût du travail ». Pourtant, ces recettes appliquées depuis des décennies sont loin d'avoir prouvé leur efficacité, bien au contraire. Le Pacte de responsabilité a fait du Medef le partenaire privilégié d'un État chargé non plus de corriger les excès du marché mais de conformer salariés et citoyens aux conditions requises par les marchés pour qu'ils exercent leur domination sur toute la société. Mis en place pendant le quinquennat de François Hollande, le Crédit d'impôt compétitivité emploi (CICE), applaudi par la droite, n'a produit aucun résultat significatif sur l'emploi. Dans son rapport 2016, le Comité de suivi, créé par le gouvernement lui-même sous l'égide de France stratégie, juge que « le CICE a conduit à une amélioration sensible des marges des entreprises » et note « l'absence d'impact de court terme du CICE sur l'investissement, la recherche-développement et les exportations ». Mais il démontre surtout

---

1. Ce qui est régulièrement appelé « charges sociales » sont en réalité les cotisations sociales, c'est-à-dire une partie de la richesse que chacun de nous produit par son travail et qui, au lieu de nous être directement versé sous forme de salaire, est mise en commun (à la fois par chaque salarié, et par chaque patron) pour assurer un système solidaire (la Sécurité sociale) dont chacun bénéficie selon ses besoins en matière de chômage, de santé, de retraite.

que seuls « 50 000 à 100 000 emplois ont été créés ou sauvegardés sur la période 2013-2014[2] ». On est loin du chiffre d'un million d'emplois que Pierre Gattaz, le président du Medef, arborait sur un pin's pour vanter les bienfaits de cette mesure qui aura coûté un total de 43 milliards d'euros, distribués sans contrepartie aux entreprises. Rapportée à chaque emploi créé, l'addition est salée.

Pourtant, c'est bien cette politique que la droite entend amplifier. Sous couvert de « créer un environnement plus favorable aux affaires et à l'innovation », elle propose notamment de baisser immédiatement de 50 milliards d'euros « les charges et impôts sur les entreprises, en donnant la priorité à la baisse des prélèvements pesant sur le coût du travail ». Elle veut aussi « revoir le mécanisme de revalorisation du Smic en prenant en compte les comparaisons européennes pertinentes et la performance économique de la France[3] ». Loin d'une revalorisation des salaires, il s'agit de privilégier le critère de concurrence avec les pays voisins ou de la lier à la croissance.

S'attaquer au « coût du travail » en modifiant le niveau du Smic et des salaires ne permettrait pas de sortir de la crise mais l'aggraverait, car réduire le pouvoir d'achat des salariés nuit inévitablement à la consommation et donc à l'économie.

Alors, pourquoi un tel acharnement ? Parce que l'objectif est ailleurs. Au prétexte de « laiss[er] souffler le vent de la liberté dans les voiles de la France[4] », c'est le « coût du capital » c'est-à-dire sa rémunération sous forme de dividendes et de frais financiers versés aux banques, que le candidat de la droite choisit de préserver. En 2016, les grandes entreprises du CAC 40 ont versé près de 56 milliards d'euros de dividendes à leurs actionnaires, un record depuis la crise de 2008. À titre de comparaison, le déficit de la Sécurité sociale prévu pour 2017 est de 4,1 milliards d'euros[5], sachant que celle-ci est privée des recettes

2. Comité de suivi du CICE, *Rapport 2016 du comité de suivi du crédit d'impôt pour la compétitivité et l'emploi*, France stratégie, 29 septembre 2016.

3. « Compétitivité. Osons enfin la liberté ! », *Fillon 2017*.

4. François Fillon au Conseil national des Républicains, 3 juillet 2016.

5. Sécurité sociale, *Les comptes de la Sécurité sociale. Résultats 2015. Prévisions 2016 et 2017*, septembre 2016.

découlant des différentes exonérations de contributions patronales non compensées par l'État à hauteur de 3 milliards d'euros[6] et de la non-cotisation de plus de six millions de personnes privées totalement ou partiellement de travail.

François Fillon prétend proposer un « *New Deal* aux citoyens, aux entreprises et aux partenaires sociaux », mais la rhétorique cache mal les intentions de son projet au service exclusif des plus riches : alors qu'il propose de supprimer l'impôt sur la fortune, il prévoit d'augmenter la TVA qui est de tous les impôts le plus injuste car il pèse davantage sur les foyers les plus modestes que sur les foyers les plus favorisés. C'est l'analyse de l'Observatoire des inégalités : « Les taxes indirectes telles que la TVA, la taxe sur les produits pétroliers, etc., représentent près de 17 % des revenus des plus démunis, deux fois plus que pour les ménages les plus aisés[7]. »

Dans le programme de l'ancien Premier ministre de Nicolas Sarkozy, en revanche, on ne trouvera pas une seule mesure visant à réduire le « coût du capital », le véritable responsable de la crise. En France, environ 298,9 milliards d'euros (soit 30,41 % de la richesse nationale) sont prélevés chaque année sur l'économie. Sur ce total 157,9 milliards sont versés par les entreprises au titre de cotisations sociales (soit 15,51 % de la richesse nationale). La rémunération du capital, quant à elle, qui atteignait 15 % de la richesse nationale en 1987, est passée trente ans plus tard à 25 %. Alors qu'ils étaient de même niveau à la fin des années 1980 (17 %), le montant de la rémunération du capital a aujourd'hui très largement dépassé celui des cotisations sociales versées par les entreprises[8]. Cette masse de richesse captée par le capital alimente la rémunération des actionnaires (plus de 50 % des bénéfices qui y sont consacrés), et d'autres circuits financiers. En revanche, elle ne va nullement aux investissements dans la production, la recherche ou la

6. « Les exonérations de cotisations, une mesure difficile à évaluer », *Le Point*, 5 novembre 2012.

7. Observatoire des inégalités, « La TVA est-elle juste ? », novembre 2012.

8. Insee, Comptes de la Nation. D'après Frédéric Boccara, « Lutter contre le coût du capital pour des dépenses d'expansion sociale et pour une efficacité nouvelle », *Économie et Politique*, n° 712-713, novembre-décembre 2013.

formation, là où se trouve pourtant la réponse aux défis de la société. Or, les solutions efficaces ne manquent pas : nouveau crédit bancaire, pôle financier public, arrêt des exonérations de « charges sociales », taxation des revenus financiers, relance des services publics, ou encore réforme fiscale alliant justice sociale et efficacité économique. Tout ce que François Fillon rejette.

2•

La France a-t-elle encore les moyens d'une Sécurité sociale pour tous ?

François Fillon veut la peau de la Sécurité sociale. À peine élu à la primaire de la droite, et face au tollé suscité dans l'opinion publique, il a dû passer sous le tapis l'une de ses principales propositions : « Recentrer l'assurance maladie sur les affections graves et l'assurance privée sur le reste. »

Dans les affaires récentes concernant le candidat de la droite, le nom d'Henri de Castries, un de ses amis de longue date et ancien P.D.-G. d'Axa, a été cité à plusieurs reprises. Et pas seulement comme un possible ministrable si le candidat de la droite remporte la présidentielle [1], mais comme l'inspirateur de son projet de réforme de la Sécurité sociale. On rappellera ici que l'ex P.D.-G. d'Axa n'avait pas précisé qu'il avait également fait travailler l'ancien Premier ministre quelques années auparavant. Il reste que ce « neuvième patron le mieux payé du CAC 40 en 2015 selon le cabinet Proxinvest (avec une rémunération totale de 5,4 millions d'euros) [2] » a poursuivi auprès de François Fillon l'idée-force de l'assureur Axa « de ne laisser au régime de base que le grand risque ("solidarité nationale" pour les ALD [affections de longue durée] et les affections graves) et confier le petit risque (considéré comme de la consommation courante) aux organismes complémentaires santé [3] ». Avec un tel ministre de la Santé, ce serait l'entrée en force des assurances privées dans notre système de protection sociale.

Une pétition lancée par André Grimaldi, professeur émérite à l'hôpital parisien de la Pitié-Salpêtrière, a dépassé les

1. Bertille Bayart, « Henri de Castries, l'homme qui murmure à l'oreille de François Fillon », *Le Figaro*, 7 décembre 2016.
2. Dominique Gallois et Isabelle Chaperon, « La tentation politique d'Henri de Castries, ex-patron d'Axa », *Le Monde*, 14 décembre 2016.
3. Jean-Marc Boyer, « L'assurance maladie selon Fillon », *La Gazette de l'Assurance*, 27 novembre 2016.

200 000 soutiens en quelques jours, au mois de décembre 2016[4]. Et plusieurs sondages ont indiqué que les Français étaient hostiles aux coupes dans les dépenses publiques de soins[5]. Le 3 janvier, sur TF1, le candidat a dû revenir sur sa proposition[6], qui équivalait à privatiser tout un pan de la couverture des soins aujourd'hui prise en charge par l'assurance maladie.

Mais la logique de fond demeure. Lorsque le candidat assure qu'il n'est « pas question de toucher à l'assurance maladie et encore moins de la privatiser[7] », il masque une partie de son projet qui prévoit « l'introduction d'une franchise maladie universelle », c'est-à-dire payable par tous les patients et sur tous les soins, et son objectif majeur de réaliser sur cinq ans 40 milliards d'euros d'économies sur la protection sociale, dont « plus de 20 milliards d'euros de réduction de la dérive des dépenses de santé, en veillant à ce que leur progression se situe sensiblement en dessous de 2 % par an[8] ».

La droite le répète à l'envi : la Sécurité sociale serait malade de dépenses trop élevées, « ce qui met en danger sa pérennité. [...] Il est aujourd'hui nécessaire de réformer en profondeur un système coûteux, complexe et piloté de façon peu efficace[9] ». Pourtant, comme il l'admet lui-même, « les dépenses de santé vont continuer de croître[10] ». C'est en effet un constat d'évidence, du fait des progrès de la médecine et du vieillissement de la population. Qui va donc supporter ces dépenses nouvelles ? Il existe deux réponses possibles. Soit on privatise une part de ces

4. Pétition en ligne à l'adresse https://www.change.org/p/pour-la-securite-sociale/.

5. 90 % des 1 003 personnes interrogées les 6 et 7 décembre par Elabe pour *Les Échos*, *Radio Classique* et l'Institut Montaigne, estimaient qu'il ne serait « pas acceptable » de baisser la dépense publique en matière de santé. Un autre sondage réalisé du 2 au 7 décembre auprès de 18 013 personnes par Ipsos-Sopra Steria pour le Cevipof et *Le Monde* place la Sécurité sociale en tête des « notions » auxquelles les Français sont attachés, avec 71 % d'opinions positives.

6. Le projet d'origine est toujours consultable à la page 90 de « Pour vous », le programme de François Fillon en 50 mots, http://fr.calameo.com/read/00491588244d1ca56f494/.

7. Entretien au *Figaro*, 12 décembre 2016.

8. « Cadrage financier », *Fillon 2017*.

9. « Santé. Tous les Français doivent pouvoir se soigner », *Fillon 2017*.

10. Entretien au *Figaro*, 12 décembre 2016.

dépenses, en transférant la charge sur les patients et leurs complémentaires, mais alors on assume l'inégalité devant l'accès aux soins. Soit on les mutualise en donnant à la Sécurité sociale les moyens d'étendre sa couverture, quels que soient les ressources et l'état de santé de chacun.

En affirmant qu'il faut limiter les dépenses de la Sécurité sociale, le candidat de la droite prétend que notre pays n'aurait pas les moyens de cette seconde solution. Mais poser le problème en ces termes est absurde. En 1945, quand le ministre communiste Ambroise Croizat met en place la Sécurité sociale dans un pays ruiné par la guerre, considère-t-il que la France vit au-dessus de ses moyens ? Non, car si ce n'est pas la Sécurité sociale par le biais des cotisations mutualisées des entreprises et des salariés, ce sont les patients qui supportent la charge des dépenses de santé, de manière beaucoup plus inégalitaire... et sans doute plus coûteuse.

La santé, la protection sociale ne sont pas que des coûts. Leur développement est un facteur essentiel de croissance, de compétitivité, d'efficacité et de cohésion sociale qui contribue à lutter contre les inégalités. Les dépenses de santé par habitant aux États-Unis (absorbant 16,4 % de leur PIB) sont plus importantes qu'en France (10,9 % du PIB), et pourtant les Américains sont plus mal soignés que les Français. Cela tient au poids du secteur public de ce côté-ci de l'Atlantique et au parasitisme du privé de l'autre côté.

Il s'agit donc d'un choix politique, mais aussi d'une question d'efficacité. La solution pourrait reposer sur deux leviers : d'une part, l'augmentation des recettes de la Sécurité sociale en la dotant de nouveaux financements : taxation du capital, annulation ou conditionnement des exonérations de cotisations patronales en fonction du développement de l'emploi et des salaires, lutte contre la fraude sociale et fiscale[11]. D'autre part, l'investissement dans des politiques publiques de prévention qui, en améliorant les conditions de vie au travail et en dehors de celui-ci, pourrait faire baisser de façon significative le nombre des accidents, des maladies professionnelles ainsi que des maladies

11. Voir Michel Limousin (sous la dir.), *Santé et protection sociale solidaires pour tous en 2017*, Paris, Le Temps des Cerises, coll. « Le cœur à l'ouvrage », à paraître.

liées au mal-travail et à la précarité qui coûtent chaque année plusieurs dizaines de milliards d'euros. François Fillon, l'inventeur des « franchises médicales » en 2011 sur les actes médicaux et les médicaments, refuse d'envisager ces perspectives novatrices. Au prix de nouvelles inégalités et d'un recul des soins.

3.

L'identité de la France est-elle menacée par la présence de l'islam et par le multiculturalisme ?

S'inscrivant dans les pas de Nicolas Sarkozy, François Fillon s'est lancé dans une croisade identitaire, instrumentalisant la peur du terrorisme pour réécrire l'histoire de France. Un projet qui ravive les plaies de la colonisation française et ne permettra pas de lutter contre les intégrismes, bien au contraire.

« Arrêtons de faire semblant. Non, il n'y a pas un problème religieux en France. Oui, il y a un problème lié à l'islam », affirme François Fillon dans *Vaincre le totalitarisme islamique*[1], un livre écrit à la va-vite au cœur de l'été 2016 pour disputer à Nicolas Sarkozy et Marine Le Pen la surenchère « identitaire ». Car le candidat de la droite l'affirme sans détours dès les premières pages : « La France est menacée dans son identité par un ennemi dont le crime est la prière », reprenant mot pour mot le vocabulaire du Front national. Ces propos s'inscrivent dans la continuité de la création d'un ministère de l'Identité nationale lorsqu'il était Premier ministre de Nicolas Sarkozy, une manière d'agiter au plus haut niveau de l'État le spectre du « grand remplacement » et de stigmatiser une population qui serait « par essence » incompatible avec les valeurs républicaines.

Alors, quelle est au juste cette « identité » de la France censée être menacée par les musulmans ? « La France est-elle une nation multiculturelle ? », a-t-on demandé à François Fillon lors d'un des débats télévisés de la primaire de droite. « La réponse est non », a répondu sans ambages le candidat de cette France rance et patriarcale, vouée à un culte de la terre et qui ne veut pas voir son beau roman national « abîmé » par de multiples apports venus du monde entier. « Nous sommes tous descendants d'hommes et de femmes qui ont travaillé la terre, en des temps plus ou moins reculés, et ceux de nos ancêtres qui avaient

---

1. Albin Michel, 2016.

délaissé la charrue quelques générations avant nous vivaient encore, pour beaucoup, dans des paysages façonnés par les contraintes de l'agriculture[2] », écrit François Fillon dans une autre de ses professions de foi politiques. « J'ai le bon sens d'un paysan sarthois », aime-t-il répéter dans ses meetings. Qu'importe que son père fût notaire et qu'il ait grandi dans une famille de la bourgeoisie provinciale, pourvu qu'il ait l'ivresse de cette France « long manteau d'églises et de cathédrales[3] », chère à Pétain. L'idée qu'il puisse exister une nation française qui ne soit pas figée, blanche et chrétienne, mais un creuset toujours en fusion, qui doit autant à la Révolution française et à la Commune de Paris qu'aux Capétiens, lui est insupportable. Tout le reste en découle : le « déclin » supposé de l'école, la « nécessaire assimilation » des étrangers et la louange des bienfaits de la colonisation. « C'est à l'école que j'ai appris comment la France était grande et comment son histoire était plus que millénaire. Qu'elle était la plus vieille nation européenne ! », s'exclamait le 28 août 2016 l'ancien Premier ministre à Sablé-sur-Sarthe. Et d'ajouter : « Non, la France n'est pas née en 1789 et elle n'est pas passée de l'ombre à la lumière en 1981 ! [...] La France, c'est quinze siècles d'histoire depuis le baptême de Clovis à Reims [...]. La France, c'est la fille aînée de l'Église. » Sa conception de la colonisation frise elle aussi le révisionnisme. « Non, la France n'est pas coupable d'avoir voulu faire partager sa culture aux peuples d'Afrique, d'Asie et d'Amérique du Nord », déclarait-il, toujours à Sablé-sur-Sarthe, aux côtés de Gérard Longuet, ancien militant du mouvement d'extrême droite Occident. François Fillon oublie sciemment de rappeler que, pour presque tous ces pays, la colonisation française, qui a imposé le travail forcé à ses habitants et leur a refusé le droit de vote, a été violente et criminelle.

En 2005, lors d'une visite officielle à Madagascar, Jacques Chirac avait pourtant qualifié d'« inacceptable » la répression sanglante

2. François Fillon, *Faire*, Paris, Albin Michel, 2015.
3. Cette expression a été utilisée par Nicolas Sarkozy à deux reprises pour faire l'éloge des racines chrétiennes de la France, dès 2007 dans son discours à la basilique de Saint-Jean du Latran, puis plus récemment le 10 novembre 2015 à Angers.

du soulèvement qui a fait 89 000 morts parmi les nationalistes malgaches au lendemain de la Seconde Guerre mondiale. Loin de la reconnaissance nécessaire de ces crimes, le discours du candidat de la droite obéit à la même rhétorique que celui de Nicolas Sarkozy qui, après avoir inauguré son quinquennat en déclarant d'entrée de jeu, à Dakar, que l'homme africain n'était « pas assez entré dans l'histoire », a tenté de faire admettre aux Français de toutes origines qu'ils descendaient des « Gaulois ». François Fillon flatte les préjugés de l'électorat ultraréactionnaire de la droite extrême et de la mouvance identitaire, qui se reconnaît en lui, comme en témoigne le soutien du raciste et eugéniste Henry de Lesquen.

Mais surtout, des groupes ultraconservateurs se mobilisent autour de ces thématiques, comme « Sens commun », groupe issu de la « Manif pour tous » et qui a fait de François Fillon son candidat. « Nous sommes menacés ! » : tel est le credo de Sens commun, qui accuse l'école publique de faire œuvre « de suspicion à l'égard de notre culture et de notre civilisation », qui veut supprimer le droit du sol, restreindre le regroupement familial, interdire l'enseignement des langues d'origine des enfants d'immigrés ou « transmettre aux plus jeunes l'amour de la France (enseignement des éléments fédérateurs de l'histoire de France, chant de la Marseillaise, service civique hebdomadaire en 2nde, visite régulière de notre patrimoine...)[4] ». Ces fidèles soutiens, dont Bruno Retailleau, président de la région Pays de la Loire, un ex-disciple de Philippe de Villiers qui a accueilli cinq candidats de Sens commun sur sa liste régionale, se revendiquent d'une droite qui, dans le domaine social, « doit se garder de céder au vacarme des revendications » et, sur les questions de l'identité, assume « l'héritage judéo-chrétien de la France[5] », voilant sa part d'ombre, notamment sa collusion avec la monarchie absolue, et excluant ainsi les apports émancipateurs des Lumières et des courants progressistes promoteurs de la liberté, de l'égalité et de la fraternité.

4. Sens commun, « Chapitre 1 : Société », « 3. Agir pour une société solidaire et unie », *Senscommun.fr*.

5. Sens commun, « La droite que nous voulons », *Senscommun.fr*.

Ces choix conduiraient le pays dans un piège identitaire qui ferait gravement reculer une laïcité garante de l'égalité des droits, de la libre expression des convictions, de l'acceptation des différences, du respect de toutes les croyances et religions, du refus de l'intégrisme.
Quand le candidat affirme vouloir « casser la baraque[6] », c'est surtout ce qui a fait la France qu'il veut casser, car « être Français » ne peut se définir de façon figée. Cela suppose un partage, et l'identité, c'est le « temps long de l'histoire[7] » en chaque individu. Nos histoires respectives sont faites de multiples apports culturels, régionaux et nationaux, religieux et philosophiques, et l'on peut tout à la fois être citoyen français, européen et du monde en reliant ces multiples éléments au lieu de sombrer dans le mythe dangereux de la pureté des origines qui conduit aux pires affrontements. Une nation, pour être fraternelle et solidaire des autres nations habitant la « maison commune » qu'est la planète, a besoin de cet élan qui fait grandir le sentiment d'appartenance à une même humanité.

6. Discours de François Fillon le 2 avril 2016 à Paris.
7. La « longue durée » de l'évolution de l'humanité sur de grands espaces et des périodes étendues est un des grands axes de la pensée de l'historien Fernand Braudel.

4.

Sortir des 35 heures et simplifier le code du travail permettent-ils de résoudre le chômage ?

Le code du travail et les 35 heures mettent en péril « la compétitivité » de la France, voilà un grand classique de la droite qui prépare le terrain à une loi Travail bis... et bien pire.

« Les 35 heures ont été un désastre pour la France, en raison de la perte de compétitivité de l'économie, et du coût pour les budgets publics », assène François Fillon dans un entretien au *Figaro* du 24 novembre 2016 pour justifier son programme de régression sociale et laisser croire que c'est à cette condition que s'instaurera le plein-emploi. Autrement dit, « s'il y a tant de chômage, c'est parce que les Français ne travaillent pas assez et que le code du travail est trop épais ». Un refrain repris en chœur par le gouvernement Valls pour justifier le CICE (voir réplique nº 1) et la loi El Khomri.

Pourtant, le passage aux 35 heures a permis la création d'emplois : 350 000, selon un rapport parlementaire de décembre 2014[1]. L'Insee démontre aussi que le taux de chômage est passé de 11,8 % en 1998 (date de la première loi Aubry) à 8,8 % en 2001[2]. La loi El Khomri, imposée par le gouvernement Valls à coup de 49.3, a déjà commencé à remettre en cause la durée légale du travail, via les accords d'entreprise qui permettent de réduire à 10 % la rémunération des heures supplémentaires. François Fillon veut aller plus loin. « Fin des 35 heures dans le secteur privé et retour aux 39 heures dans la fonction publique », clame-t-il en guise de slogan de campagne. Une mesure qui figure à la troisième place des quinze mesures « phares » de son projet. Et pour y parvenir, c'est la loi de la jungle qu'il entend imposer avec une négociation entreprise par entreprise et pour seule règle

1. Assemblée nationale, « Rapport de la commission d'enquête sur l'impact sociétal, social, économique et financier de la réduction progressive du temps de travail », 9 décembre 2014.
2. La Documentation française, « Chiffres clés ».

générale la durée maximale hebdomadaire fixée « selon la norme européenne », soit 48 heures !

Quant au code du travail, « il existe en France une peur d'embaucher qui est liée à la rigidité et à la complexité du droit du travail », assène le candidat de la droite dans son programme. Avec ce que l'on appelle « l'inversion de la hiérarchie des normes », la loi El Khomri a déjà démantelé l'un des principes fondamentaux du droit du travail : alors que, auparavant, la loi et les conventions collectives représentaient un socle commun de garanties qu'aucun accord d'entreprise ne pouvait remettre en cause, il est désormais possible qu'une négociation d'entreprise débouche sur des conditions moins favorables pour les salariés que ce que prévoyaient ces garanties. Tous, à droite, veulent pousser cette logique encore plus loin. En recentrant le code du travail autour des 150 pages (sur un total de 3 400) consacrées aux « normes sociales fondamentales[3] » qui composent les minimums convenus par les pays signataires des conventions de l'OIT, ils entendent renvoyer tout le reste à la négociation à l'échelle de l'entreprise ou des branches et instaurer « le référendum d'entreprise en cas de blocage du dialogue social ». À l'échelle de la France et d'une même branche, tous les salariés n'auraient plus le même socle de garanties. Or, loin de décisions prises en toute « liberté », le référendum au sein de l'entreprise Smart en septembre 2015, avant même la loi El Khomri, a démontré que le chantage à l'emploi est utilisé pour obtenir des sacrifices des salariés, ici une augmentation du temps de travail et là une baisse du salaire horaire[4]. Depuis l'entrée en application de la loi Travail, Renault veut imposer un nouvel accord de compétitivité avec une intensification du travail, sous prétexte d'embaucher 3 600 CDI (7 500 emplois ont été supprimés depuis le dernier accord et 4 500 départs en retraite sont prévus). Dans le même temps, son P.-D.G., Carlos Ghosn, s'est octroyé en 2016 un salaire de 16 millions d'euros, et le résultat net de l'entreprise en 2015 a atteint 2,82 milliards d'euros.

Avec de telles règles, c'est une spirale infernale qui risque de s'enclencher : celle du dumping social. Comment cela fonc-

---

3. Organisation internationale du travail, « Les bénéfices des normes ».

4. Kareen Janselme, « Smart : un référendum et des grosses déceptions », *L'Humanité*, 18 février 2016.

tionne-t-il ? Une entreprise, pour être plus compétitive que sa voisine, tire vers le bas les droits de ses salariés (plus d'heures de travail, des contrats plus précaires, des salaires plus faibles). Sa voisine, pour ne pas être en reste, fait de même : la surenchère commence. Au final, le pouvoir d'achat des Français en pâtit aussi. Résultat : moins de demande, et donc moins d'emplois à la clé.

D'autant que François Fillon compte aussi, dans la même logique, faciliter les licenciements avec la mise en place d'« un contrat de travail avec des modalités de rupture prédéfinies et progressives[5] », ou encore l'idée d'« introduire le motif de réorganisation de l'entreprise dans les procédures de licenciement collectif pour faciliter l'adaptation des entreprises à leur contexte concurrentiel[6] ». En clair : faciliter les licenciements, même si la santé économique de l'entreprise est loin de le justifier. Voilà les vieilles recettes néolibérales, qui ont pourtant fait la preuve non seulement de leur inefficacité sur l'emploi, mais aussi de leurs conséquences désastreuses pour la vie des salariés. François Fillon ne s'inscrit pas dans la simple continuité des politiques de droite ni dans une poursuite aggravée du quinquennat Hollande. Il l'affirme lui-même : il faut « un changement radical », une rupture. Les solutions au chômage exigent des pouvoirs et des droits nouveaux des salariés sur l'entreprise et sur les banques afin de construire une sécurisation de l'emploi et de la formation, tout cela au cœur de la révolution numérique et des mutations technologiques. Les recettes de François Fillon sont totalement à l'opposé de ces exigences et composent un bouillon amer et dépassé, inefficace et dangereux.

5. « Objectif plein emploi. L'emploi est la mère de toutes les batailles pour la France », *Fillon 2017*.

6. « Le défi de la compétitivité », *Fillon 2017*.

5.

Y a-t-il trop de fonctionnaires en France ?

C'est l'une des idées fixes de François Fillon. À l'entendre, les agents publics représenteraient une gabegie inutile et la raison commanderait de supprimer 500 000 des 5,4 millions d'emplois publics que compte notre pays. Ils sont pourtant essentiels pour assurer les besoins fondamentaux de la population de manière démocratique et efficace.

Les fonctionnaires sont-ils si nombreux ? Si l'on considère le nombre d'emplois consacrés dans notre pays à la réalisation des grandes missions de l'État (administration, éducation, santé et action sociale), la France, indépendamment du statut, en compte moins (12 %) que la Grande-Bretagne (12,1 %) ou l'Allemagne (12,4 %), pays pourtant érigés en exemples par François Fillon. Même si l'on considère les seuls services publics généraux, dont le candidat de la droite veut réduire le « mille-feuille », la France a, selon l'OCDE, un taux de dépenses des administrations publiques, en pourcentage du PIB et par habitant, de 6,6 %, soit le même niveau que l'Allemagne[1].

Pour disputer le terrain de la « rigueur » budgétaire à ses concurrents de la primaire, le candidat de la droite a annoncé la suppression, s'il est élu, de 500 000 postes de fonctionnaires. Si cette promesse représente un danger pour la société, elle serait d'une violence inouïe pour le pays, pour son économie et tout simplement pour son fonctionnement. Elle serait surtout impossible à mettre en œuvre. Cela reviendrait à ne remplacer aucun départ à la retraite pendant cinq ans. François Fillon se garde bien de détailler sa cure d'austérité, et pour cause.

Va-t-il en supprimer parmi le 1,15 million de fonctionnaires dans la fonction publique hospitalière, déjà asphyxiée et si importante pour la santé publique ?

---

1. OCDE, « Dépenses des administrations publiques (indicateur) », 2014.

Va-t-il en supprimer dans l'éducation, dont chacun convient que les moyens manquent pour assurer la réussite de tous les enfants sur les territoires (l'effectif moyen des classes est supérieur à la moyenne des pays de l'OCDE) ? Ou alors dans l'enseignement supérieur (350 000 postes), secteur clé pour l'investissement d'avenir (où la France dépense pourtant deux fois moins que les États-Unis) ?
Sauf à considérer que les enjeux de sécurité sont secondaires dans la période actuelle et que la justice fonctionne correctement, il ne pourra pas non plus tailler sans conséquences dans les effectifs des 630 000 fonctionnaires qui y travaillent.
Ces secteurs mis à part, il ne reste plus que 2,3 millions d'agents publics, concentrés à 80 % dans les collectivités territoriales. Y supprimer 500 000 fonctionnaires reviendrait à couper 21 % des effectifs, ce qui rendrait le fonctionnement de ces instances tout simplement impossible. Les missions remplies par les collectivités locales seraient alors gravement mises à mal, car si François Fillon veut « économiser » 110 milliards d'euros de dépenses publiques, selon son programme, un cinquième de cette saignée, soit 22 milliards, en serait supporté par les communes, départements et régions déjà au régime d'austérité. Il faut rappeler que les dépenses de ces collectivités sont pourtant à l'origine de 65 % de la commande publique et qu'elles s'accompagnent de nombreuses créations d'emplois.
Ces objectifs sont donc intenables et dangereux. Quel que soit le secteur touché, ce serait moins de services rendus à la population parmi les plus essentiels pour la vie quotidienne. C'est un pays incapable de faire face à ses besoins que nous promet le candidat de la droite. Or, depuis la crise financière de 2008, chacun a dû admettre que le service public avait joué le rôle d'un puissant « amortisseur social ».
François Fillon ne s'arrête pas là et compte également s'attaquer au statut des fonctionnaires. Or, l'une des vertus de ce statut est de garantir leur indépendance. Il est impératif que les agents du service public, parce qu'ils servent l'intérêt général, soient compétents (recrutés par concours), indépendants (propriétaires de leur grade) et responsables (respectueux des principes républicains). Au travers du statut, c'est bien l'ensemble des services publics qui est attaqué. Au lieu de se don-

ner les moyens d'un service public de qualité utile aux citoyens et à l'ensemble de la société, son projet est de réduire au strict minimum les missions de l'État et de livrer au privé des pans entiers de l'économie.

6.

En Europe et en France, l'« austérité budgétaire » est-elle la solution au problème de la crise ?

Le « Thatcher français » ? François Fillon se flatte du parallèle : « Je n'ai jamais de problème à être comparé à une personne qui a sauvé son pays[1] », assure-t-il. Le candidat de la droite s'inspire de la foi de la très impopulaire ex-Première ministre britannique en la libéralisation économique et en la réduction du poids de l'État et des dépenses publiques[2].

Cette politique a un nom : l'« austérité, puisqu'il [François Fillon] veut serrer la vis sur les dépenses, et ne redistribuer que la moitié de l'argent en baisses d'impôts et charges[3] », constate Éric Heyer, économiste à l'Office français des conjonctures économiques (OFCE), rattaché à Sciences Po.

Il s'agit même de super-austérité, puisque le programme que François Fillon a annoncé dès 2014 « aboutit en cinq ans à 110 milliards d'euros d'économies, pour moitié portant sur l'État et les collectivités, et pour moitié sur la sphère sociale (retraites, santé, assurance chômage, interventions sociales)[4] », soit « l'effort le plus important jamais fourni par notre pays dans son histoire contemporaine[5] », peut-on lire sur son site de campagne.

---

1. Sur BFM TV le 22 novembre 2016 dans l'émission de Ruth Elkrief.
2. « Il est indispensable de faire d'abord redémarrer l'économie [...] par une baisse massive et rapide des charges pesant sur la compétitivité de nos entreprises, en simplifiant le droit du travail et plus généralement les normes qui pèsent sur l'activité économique. Il faut simultanément engager un effort majeur pour ramener notre dépense publique à un niveau raisonnable. » « Cadrage financier », *Fillon 2017*.
3. Éric Heyer, « La politique économique de François Fillon freinera la croissance », *Challenges*, 25 novembre 2016.
4. Association de soutien à l'action politique de François Fillon, « Cinq engagements pour redresser nos finances publiques et libérer la croissance », p. 12.
5. « Dette publique. Je ne laisserai pas mon pays partir en faillite ! », *Fillon 2017*.

Le candidat de la droite a en effet concocté un traitement de choc inédit : suppression de 500 000 postes de fonctionnaires, âge de la retraite porté à 65 ans, « plus de 20 milliards d'euros de réduction » des dépenses de santé, hausse de deux points des taux supérieurs de la TVA qui passeraient ainsi de 20 à 22 %, quand, de leur côté, les entreprises bénéficieront de 40 milliards d'allégements sociaux et fiscaux, et les ménages de 10 milliards, dont plus de la moitié (5,5 milliards) pour les seuls contribuables qui paient l'impôt de solidarité sur la fortune (ISF), lequel sera supprimé[6]. Selon François Fillon, cette politique permettrait de « ramener le chômage à 7 % » – il était de 9,7 % au 3e trimestre 2016 selon l'Insee[7] – et de « revenir à l'équilibre budgétaire ».
Les effets de tels choix sur la croissance et l'emploi sont pourtant très fortement contestés, au vu des résultats dans des pays qui ont appliqué plus ou moins les mêmes recettes. Même le Fonds monétaire international (FMI), longtemps adepte de l'austérité, a changé d'avis sur le sujet[8]. En octobre 2013, un des économistes en chef de la Commission européenne, Jan In't Veld, avait même chiffré le « coût » pour la croissance des mesures d'austérité appliquées en Europe. Selon sa note[9], l'austérité aurait fait perdre, de 2011 à 2013, 3,9 points de croissance à l'Allemagne ; 4,9 à l'Italie ; 5,4 à l'Espagne, et 8 à la Grèce ! La France aurait perdu quant à elle 4,8 points, alors que l'austérité y était beaucoup moins sévère que celle prônée aujourd'hui par François Fillon. L'effet de l'austérité sur le taux de chômage est aussi saisissant : 1,9 point de plus lui est imputable en France et en Espagne entre 2011 et 2013 ; 1,7 point en Allemagne et jusqu'à 2,7 en Grèce.
Selon l'économiste de l'OFCE Éric Heyer, en cas d'application du programme de François Fillon, « la baisse des dépenses

---

6. « Cadrage financier », *Fillon 2017*.

7. Taux de chômage au sens du BIT (Ensemble – France métropolitaine – Données CVS), Insee.

8. Romaric Godin, « Quand le FMI critique le néolibéralisme », *La Tribune*, 27 mai 2016.

9. Jan In't Veld, *Fiscal consolidations and spillovers in the Euro area periphery and core*, Commission européenne, octobre 2013. Voir aussi Sébastien Crépel, « Document *L'Humanité* : la Commission européenne confesse son échec », *L'Humanité*, 20 novembre 2013.

publiques [aura] un effet dépressif sur l'économie». Et on ne pourra pas compter sur l'effet «dynamisant» des baisses d'impôts et charges, car elles seront ciblées sur les plus riches : «Or, pour relancer la consommation et donc l'activité, il vaut mieux au contraire redonner du pouvoir d'achat aux classes populaires et moyennes, car les plus riches, quand on les ponctionne moins, ont plus tendance à épargner qu'à consommer[10]. » Bref, tout le contraire de ce qu'il faudrait faire !

À moins, pour prendre François Fillon au mot, d'avoir réellement Margaret Thatcher pour modèle. C'est-à-dire «la chronique d'un échec annoncé[11] », selon l'économiste Christian Chavagneux. Deux universitaires britanniques, Ken Coutts et Graham Gudgin, ont en effet établi le bilan de la Dame de fer au pouvoir durant la décennie 1980. Pour eux, non seulement les «gains attendus des politiques de libéralisation du marché n'ont pas été réalisés» (pas de diminution du poids global de la fiscalité dans le PIB, pas de «boom» durable des créations d'entreprises ni des investissements en recherche-développement), mais ces choix n'ont pas empêché la «persistance d'un chômage élevé dans les années 1980 et 1990[12] »...

---

10. Éric Heyer, «La politique économique de François Fillon freinera la croissance», art. cit.

11. Christian Chavagneux, «Politiques libérales : le bilan négatif des années Thatcher», *Alternatives économiques*, 16 juin 2015.

12. Ken Coutts and Graham Gudgin, «*The Macroeconomic Impact of Liberal Economic Policies in the UK*», Centre For Business Research, Judge Business School, University of Cambridge, avril 2015, p. 7.

7.

Légiférer par ordonnance est-il compatible avec la démocratie ?

Le candidat de la droite a d'ores et déjà promis d'utiliser tous les outils antidémocratiques mis à sa disposition par la Ve République, du 49.3 aux ordonnances, afin de bâillonner aussi bien le Parlement que les citoyens pour appliquer son programme antisocial.

François Fillon ne s'en cache pas. S'il était élu, le vote des Français vaudrait à ses yeux approbation totale de son programme, et mandat pour l'appliquer sans débat. Il entend dès lors se comporter en monarque au-dessus de son parlement et de son peuple pendant cinq ans. Le candidat de la droite sait bien que les institutions de la Ve République lui permettront en grande partie de mener son « coup d'État permanent » et sa révolution conservatrice. Le 29 novembre 2016, dans un grand oral devenu célèbre, devant le patronat réuni par la Fondation Concorde, il s'était ainsi exprimé : « Le premier juillet, les deux ou trois ministres chargés des réformes [...] arriveront avec des textes prêts, et, dans une forme de *Blitzkrieg* [guerre éclair], feront, en utilisant tous les moyens que donne la Constitution de la Ve République – les ordonnances, les votes bloqués, le 49.3 –, passer devant le Parlement en l'espace de deux mois, sans interruption estivale, les six ou sept réformes fondamentales qui vont changer le climat de l'économie et le climat du travail dans notre pays. »

Loin de vouloir améliorer une démocratie dont tout le monde s'accorde à dire qu'elle affronte aujourd'hui la pire crise de son histoire, loin de vouloir renouer avec la définition selon laquelle la démocratie est « le gouvernement du peuple, par le peuple et pour le peuple », François Fillon ambitionne d'utiliser tous les outils anti-démocratiques à sa disposition, en méprisant aussi bien les parlementaires que les syndicalistes et les citoyens. Son objectif est de prendre de vitesse toute forme de contestation, en concentrant sur sa personne les pouvoirs et les décisions. « Il faudra mettre en œuvre le programme dès l'été 2017 par voie d'ordonnances, transformer "l'état de grâce" en temps de l'action, rapide et efficace, et ne céder ni face à la rue, ni face à l'administration », précise-t-il.

Si l'utilisation du 49.3 est bien connue, le recours aux ordonnances permet, une fois autorisé par le Parlement, de faire adopter des réformes en se passant de tout débat parlementaire. De plus, les ordonnances entrent en vigueur dès leur publication. Si le Parlement doit bien les ratifier par la suite, il s'exprime après la fabrique d'une loi déjà appliquée sans qu'il ait eu son mot à dire. Certes, une majorité peut très bien décider d'invalider les lois passées en force. Certes, le recours au 49.3 lui-même offre la possibilité aux députés de faire tomber le gouvernement. Mais les élections législatives sont aujourd'hui totalement phagocytées par la présidentielle, avec un Parlement souvent caporalisé, en grande partie aux ordres du gouvernement quand il devrait être le cœur battant de la République. C'est cette emprise que veut renforcer François Fillon.

Dans son même discours devant le patronat fin 2016, il développait également ce qu'il compte imposer très vite une fois sur le trône présidentiel : « L'abrogation des 35 heures et la suppression de la durée légale du travail, le renvoi à la négociation dans l'entreprise sans contrainte, le nouveau code du travail, la réforme de la fiscalité du capital, la réforme de l'assurance chômage, de l'apprentissage, et les premières mesures d'économie sur le budget et le fonctionnement de l'État. » En plus de séparer la République de toute idée de justice sociale, il entend séparer la démocratie de toute intervention populaire et la vider de son sens, alors qu'elle n'est possible qu'avec l'intervention continuelle et collective des citoyens, de leurs organisations et de leurs représentants.

Préparant, comme le promet son site de campagne, un « gouvernement commando [1] », le candidat de la droite a effrayé jusqu'à Pierre Gattaz, président du Medef, qui s'est ému que l'annonce brutale de la suppression de 500 000 fonctionnaires puisse « mettre le feu au pays ».

1. France 5, février 2015.

7•

En 1995, le recours aux ordonnances par Alain Juppé pour réformer la Sécurité sociale avait provoqué le plus gros mouvement social depuis Mai 68. François Fillon, pour l'instant, ne s'en est pas pris au droit de grève, mais n'entend pas laisser au peuple d'autres formes d'expression.

8.

Faut-il en finir avec l'habitat social pour résoudre la crise du logement ?

Alors que le prix et le nombre des logements sont parmi les principales difficultés d'une grande majorité de Français, François Fillon entend confier la gestion de cette crise au marché privé. Le logement social doit pourtant permettre de loger tous les citoyens, dans la dignité et à un prix qui permette de vivre décemment.

Sans surprise, François Fillon entend libéraliser à tout va. Laisser faire le marché reviendrait selon lui à « libérer » le logement. Dans son programme, il explique, toute honte bue, que « le système locatif social » français est devenu « une machine à entretenir les inégalités ». Ce ne sont pourtant pas les HLM qui conduisent à la ségrégation sociale, mais plutôt l'absence de régulation d'un marché immobilier hautement spéculatif et l'insuffisance criante de constructions de logements sociaux. Le logement social n'a créé ni la crise du logement ni la pauvreté, et s'avère être le meilleur moyen d'assurer le droit à un toit pour tous. C'est d'ailleurs dans les pays où le logement public et conventionné n'existe pas et ne fixe pas la qualité du logement que les inégalités explosent, et que le privé transforme ce droit en marchandise, régnant en maître aussi bien sur les taudis insalubres que sur l'immobilier de luxe.

Mais qu'importe. Le candidat de la droite estime que dans « 80 % du territoire, il n'y a pas besoin de logements sociaux » et que l'intervention de l'État « a bien souvent un effet inflationniste ». Alors que les prix de l'immobilier ont explosé de 107 % ces dix dernières années, et que les loyers ont augmenté de 42 % depuis l'an 2000, il veut s'attaquer au logement social en abrogeant la loi ALUR[1] et en révisant la loi

---

1. La loi ALUR, votée en 2015, vise à « réguler les dysfonctionnements du marché, à protéger les propriétaires et les locataires, et à permettre l'accroissement de l'offre de logements dans des conditions respectueuses des équilibres des territoires ».

SRU[2]. Il souhaite ainsi non seulement supprimer le minimum de 25 % de logement social dans les communes de plus de 3 500 habitants, mais aussi bloquer les aides à leur construction dans les communes en comptant déjà 30 à 40 %.

Alors que 70 % des citoyens sont éligibles au logement social en France, François Fillon veut le réserver exclusivement aux plus pauvres, en baissant le plafond de revenus y donnant accès. Il attaque ici frontalement toute idée de propriété collective et d'offre publique. Cerise sur le gâteau, il souhaite abroger la pérennité à vie du bail HLM, pour instaurer un bail de six ans, augmentant ainsi l'insécurité des Français devant le logement, et proposer la vente de 2 % du logement social par an, accélérant ainsi la baisse de l'offre tandis que 3,8 millions de personnes sont mal logées selon le rapport 2016 de la Fondation Abbé Pierre et que 65 % des familles vivant dans la pauvreté sont logées dans le parc privé[3], le plus souvent dans des situations de logement dégradé et surpeuplé. Mais ses mesures ne s'arrêtent pas là : François Fillon tend à précariser davantage le logement en « supprimant véritablement l'encadrement des loyers » et « les différentes contraintes et charges pesant sur les bailleurs ».

La purge aura lieu aussi bien dans le parc public que dans le parc privé, où François Fillon veut instaurer des procédures d'expulsion accélérées, faciliter les résiliations de bail et créer une liberté contractuelle entre bailleurs et locataires. En pleine crise du logement, le rapport de force sera sans aucun doute du côté du bailleur qui pourra imposer sa loi, et ses tarifs. Enfin, le candidat de la droite veut ouvrir le capital des organismes HLM et ramener leur fiscalité sur l'impôt sur les sociétés.

Renouant avec le mirage sarkozyste du « tous propriétaires », François Fillon se dirige tout droit vers une aggravation des conditions de logement. Le système économique et social qu'il propose conduira à l'enrichissement de quelques-uns et à une paupérisation croissante d'une majorité de Français, y compris les petits propriétaires, ceux qui n'ont que leur seul logement et

---

2. Voir note 2 page 16.

3. « Mémento de l'habitat privé 2014 », Agence nationale de l'habitat, janvier 2015.

sont de plus en plus précaires et surendettés. On ne trouvera rien dans son projet qui ne prépare à une baisse de la part du logement dans le budget des Français, pourtant tellement importante qu'elle nuit à leur confort de vie, à leur pouvoir d'achat, et donc à l'activité économique du pays.

La qualité du parc locatif public français est un atout pour contrer les effets sociaux et économiques négatifs des bulles immobilières spéculatives. Renforcé, modernisé, ce parc locatif public permettrait de loger tous les citoyens dans des conditions dignes. C'est tout l'inverse que propose François Fillon.

9•

Sur l'immigration, qu'est-ce qui différencie François Fillon de Marine Le Pen ?

L'immigration est devenue une obsession du candidat de la droite dite républicaine, qui emprunte désormais le même vocabulaire que Marine Le Pen. Ses propositions, qui s'inspirent largement de celles du FN, sont contraires à la Constitution.

« Nous n'avons pas la capacité d'accueillir une immigration supplémentaire [...]. En 2017, il faudra rompre avec ce laxisme », peut-on lire en préambule du projet de François Fillon consacré à l'immigration, l'un de ses thèmes de campagne favoris. « Il ne faut pas céder aux injonctions de la bien-pensance, qui nous adresse toujours le même message, qui se veut angélique et qui est en réalité inconscient », a-t-il lancé le 11 janvier 2017 lors de son meeting à Nice, sur les terres de la droite dure qui organise aux frontières la chasse aux réfugiés. « Bien-pensance », « angélisme », « laxisme » : un vocabulaire pioché directement dans le logiciel idéologique du Front national.

Selon l'Insee, début 2013, la population immigrée représente 8,8 % de la population française. L'Institut souligne que l'immigration de personnes originaires d'Europe se renforce. Ainsi, près de la moitié des immigrés (57 %) entrés en France en 2012 sont nés sur le continent européen et 63 % des immigrés entrés en France en 2012 sont au moins titulaires d'un diplôme de niveau baccalauréat. En vérité, chaque année, en moyenne, entre 2004 et 2012, 200 000 immigrés sont arrivés en France, 50 000 sont décédés et 60 000 ont quitté le territoire, par exemple à la fin de leurs études ou de leur séjour professionnel en France. Ce « solde » de 90 000 personnes représente ainsi 0,13 % de la population[1].

On est bien loin des délires et des outrances. Les propositions du candidat sont les plus dures jamais formulées par la droite

---

1. Chantal Brutel, « Les immigrés récemment arrivés en France. Une immigration de plus en plus européenne », *Insee Première*, n° 1524, novembre 2014.

républicaine. Outre des expulsions massives et la fin de l'aide médicale d'État (AME), une mesure phare du FN, François Fillon propose également de s'inspirer de Marine Le Pen pour « la mise en place d'un délai de deux ans pour les étrangers avant de bénéficier des aides sociales ».

Le candidat n'hésite pas à s'attaquer aux fondamentaux de la Constitution en proposant « un système de quotas annuel, qui serait voté chaque année par le Parlement », afin que soient définies « les régions du monde vers lesquelles nous voulons nous tourner ». Pour cela, il compte autoriser les fameuses « statistiques ethniques ». Le Conseil constitutionnel avait pourtant censuré en 2007 une mesure similaire dans le projet de loi sur l'immigration de Brice Hortefeux, en rappelant notamment que la Constitution établit « l'égalité devant la loi de tous les citoyens sans distinction d'origine, de race ou de religion ».

Mais François Fillon ne s'arrête pas là. Il propose également de s'attaquer à « l'immigration familiale », vieille obsession du Front national, en la « subordonnant à une perspective d'intégration ». En 1993, la loi Pasqua, qui prévoyait une restriction du regroupement familial, avait fait l'objet d'une saisine au Conseil constitutionnel et le verdict fut sans appel : « Les étrangers dont la résidence en France est stable et régulière ont, comme les nationaux, le droit de mener une vie familiale normale[2]. » Le regroupement familial est donc bien inscrit dans le droit constitutionnel. Conscient des échecs de ses prédécesseurs, le candidat de la droite ambitionne donc d'aller plus loin encore en retouchant la Constitution. Quand Marine Le Pen propose d'y inscrire la « priorité nationale », lui suggère d'y graver dans le marbre le principe selon lequel « l'immigration dépend de la capacité d'accueil et d'intégration de la France ».

François Fillon omet sciemment les conclusions d'un rapport qu'il avait lui-même commandé en 2010 à l'économiste Xavier Chojnicki, lequel établit qu'en 2005, l'impact budgétaire net de l'immigration en France était positif de 3,8 milliards d'euros[3].

2. Décision du Conseil constitutionnel du 13 août 1993.

3. Xavier Chojnicki et Lionel Ragot, *L'immigration coûte cher à la France. Qu'en pensent les économistes ?*, Paris, *Les Échos*/Éditions Eyrolles, 2012.

Ses projets sont contraires à la devise républicaine et à la Convention européenne des droits de l'homme ? Qu'à cela ne tienne, François Fillon propose de quitter la Cour européenne des droits de l'homme. Quel symbole la France renverrait-elle si elle quittait cette institution fondée en 1950 à la suite de la Déclaration universelle des droits de l'homme et qui garantit les droits des citoyens dans chacun des quarante-sept pays qui en sont membres ?
Cette course à l'échalote avec le FN pour se disputer un électorat raciste et xénophobe n'est pas digne d'un candidat qui s'affirme républicain.

10.

François Fillon représente-t-il les catholiques ?

Le candidat de la droite fait de sa foi catholique un fonds de commerce électoral. Son projet ultralibéral est pourtant en contradiction avec les prises de positions du pape François en faveur d'une juste répartition des richesses.

« Je suis gaulliste et je suis chrétien », a-t-il lancé le 3 janvier sur TF1. Cet acte de foi sur un plateau télévisé, peu commun chez des candidats à la fonction présidentielle, n'avait en réalité qu'un objectif électoraliste : continuer à mobiliser autour de sa candidature la droite conservatrice et l'électorat catholique intégriste, après le succès de la « Manif pour tous » en 2013, qui avait remobilisé la droite autour des « valeurs chrétiennes ».

« Il a bien senti que les milieux conservateurs étaient un enjeu important et qu'il y avait danger à laisser le champ libre à Marion Maréchal-Le Pen. Cette affirmation d'une identité chrétienne est révélatrice du retour d'une "droite des valeurs" aujourd'hui décomplexée[1] », analyse le politologue Jérôme Fourquet dans le journal *La Croix*. La stratégie de François Fillon vise surtout à attirer les militants anti-IVG et anti « mariage pour tous ».

Mais il n'existe pas d'« électorat chrétien ». D'ailleurs, comment croire qu'un programme passant au rouleau compresseur la justice sociale, offrant autant de privilèges aux puissants et aux plus riches et refoulant les réfugiés serait de nature à répondre au message chrétien de solidarité et de partage ?

Le pape François développe, depuis le début de son pontificat, une critique d'un système économique que non seulement la droite veut conserver mais dont elle veut aggraver les méfaits. « Certains défendent encore, écrit le pape dans son exhortation apostolique *Evangelii Gaudium*, [...] que chaque croissance économique, favorisée par le libre marché, réussit à produire en soi une plus grande équité et inclusion sociale dans le monde. Cette opinion, qui n'a jamais été confirmée par les faits, exprime une

1. « Jérôme Fourquet : "Des propos révélateurs du retour d'une 'droite des valeurs'" », propos recueillis par Bernard Gorce, 10 janvier 2017.

confiance grossière et naïve dans la bonté de ceux qui détiennent le pouvoir économique et dans les mécanismes sacralisés du système économique dominant[2]. »

François Fillon, pourtant coutumier du *mea culpa*, a-t-il lu ces propos du pape François : « Aujourd'hui, tout entre dans le jeu de la compétitivité et de la loi du plus fort, où le puissant mange le plus faible. Comme conséquence de cette situation, de grandes masses de population se voient exclues et marginalisées : sans travail, sans perspectives, sans voies de sortie. On considère l'être humain en lui-même comme un bien de consommation, qu'on peut utiliser et ensuite jeter[3] » ?

Une analyse à l'opposé des propositions de François Filon, le candidat des inégalités, de la suppression de l'impôt sur la fortune et du refus de l'accueil des réfugiés. Lui, le défenseur acharné, « accro » au système capitalisme financiarisé et mondialisé, refuse le principe selon lequel l'argent peut être bon serviteur, mais souvent mauvais maître. Et sa visite chez Emmaüs en janvier 2017, bien loin de le conduire à remettre en cause les règles néolibérales qui inspirent son programme, avait pour but de mettre en scène une conception archaïque de la charité consistant à faire croire qu'il suffit de panser à peu de frais les dégâts humains d'un système pour masquer ses lois injustes qui conduisent à une société où dominerait pauvreté et absence d'avenir pour des millions de nos concitoyens.

« Alors que les gains d'un petit nombre s'accroissent exponentiellement, affirme le pape, ceux de la majorité se situent de façon toujours plus éloignée du bien-être de cette heureuse minorité. Ce déséquilibre procède d'idéologies qui défendent l'autonomie absolue des marchés et la spéculation financière[4]. » Et de conclure « Une telle économie tue. » À l'opposé de ce diagnostic, le catholicisme de François Fillon est celui d'un ultraconservateur qui prend les règles du néolibéralisme pour des dogmes intangibles, réduisant ainsi le souci du bien commun à un exercice de piété personnelle s'accommodant de l'injustice du monde.

---

2. *Evangelii Gaudium*, n° 54, 24 novembre 2013.
3. *Ibid.*, n° 53.
4. *Ibid.*, n° 56.

Conclusion

L'ambition première de ce livre a été de fournir des arguments contre la droite et l'extrême droite, des outils pour mener ainsi une bataille d'idées démontrant la nocivité de leurs programmes et le danger qu'ils représentent pour notre peuple et notre pays, pour la démocratie.

Mais aujourd'hui, le climat délétère dans lequel se déroule la campagne présidentielle, où les questions de personnes et les affaires l'emportent sur les débats d'idées et de programmes, nous amène une fois de plus à nous interroger sur la crise de la politique que nous connaissons, qui est aussi une crise profonde de nos institutions républicaines et de la règle constitutionnelle qui les régissent.

Nous condamnons sans appel les comportements délictueux de ceux qui n'hésitent pas à détourner les fonds publics à leur profit. De Nicolas Sarkozy à François Fillon, en passant par Jérôme Cahuzac, Serge Dassault, les époux Balkany, les Le Pen père et fille et bien d'autres qu'il serait malheureusement trop long d'énumérer ici. Dans tous les cas, la justice doit faire son travail et sa main ne doit pas trembler face aux puissants. Il faudra que de nouvelles règles garantissent sérieusement les citoyens et le pays contre les abus de certains qui disent les représenter. Mais il faut aussi se poser la question des raisons d'une telle répétition de faits très graves que les Français, à juste titre, n'acceptent plus. Afin de ramener de la morale et de l'éthique en politique, il ne suffira pas de rappeler à l'ordre ceux qui ont fauté.

L'heure est dorénavant venue de constater que notre démocratie est à bout de souffle. La Constitution de la Ve République autorise tous les dysfonctionnements qui permettent ces manquements à l'intérêt public et au respect du bien commun. C'est pourquoi, au terme de cet ouvrage, il convient d'affirmer un certain nombre de nos convictions en la matière, pour prévenir jusqu'à éradiquer de telles pratiques.

Pour commencer, il faut en finir avec le présidentialisme à tous les étages de nos institutions et mettre un terme à la monarchie qui nous gouverne. Le présidentialisme concentre dans une seule main tous les pouvoirs, opacifie les décisions, interdit les contrôles parlementaires et citoyens, permet tous les trafics. Tous les 5 ans, on « autorise » le peuple à jouer à un « Secret story » présidentiel, avec comme principe « Votez et laissez-nous faire ce que l'on veut ! » Cela n'est plus tolérable : il faut redonner la primauté à un parlement élu à la proportionnelle intégrale et paritaire, composé à l'image de la société française, dans un calendrier totalement dissocié de l'élection présidentielle. Il faut abolir le 49.3 et tous les dispositifs antidémocratiques (vote bloqué, ordonnances). Il faut déprofessionnaliser la politique en établissant un statut de l'élu(e) qui permette aux catégories populaires d'être élues en ayant la garantie de retrouver leur emploi à l'issue de leur mandat. C'est le seul moyen de faire entrer le peuple là où les décisions doivent se prendre et d'en finir avec les gouvernements prétendument d'« experts ». Il faut aussi accorder le droit de vote et d'éligibilité aux résidents étrangers qui vivent et travaillent sur notre sol, quelle que soit leur nationalité.

Tout invite à faire vivre une République et une démocratie sociales qui refondent les pouvoirs citoyens dans la cité et dans l'entreprise : une République de l'égalité des droits entre toutes et tous, de la liberté pour chacune et chacun, de la fraternité quelles que soient nos origines, nos opinions ou nos appartenances.

Tout invite à faire vivre une République qui fait respecter la voix de notre peuple dans une Europe que nous voulons radicalement différente, sociale, écologique et démocratique. Une République qui porte à nouveau dans le monde des idéaux de paix et de développement social, culturel et écologique partagés contre les logiques du capitalisme sauvage, des nationalismes identitaires et des obscurantismes réactionnaires et xénophobes.

À l'opposé de ce que veulent la droite et l'extrême droite, un tel pacte républicain est en capacité de fonder une société du commun et de nous constituer en Peuple et en Nation libres et émancipés. Rassemblons-nous pour le construire.

Remerciements

Les auteurs et l'éditeur remercient les journalistes de la rubrique politique du journal *l'Humanité* qui ont contribué par leurs apports précieux à la réalisation de ce livre.

Mise en page : Le vent se lève…

Achevé d'imprimer sur les presses de Corlet Imprimeur
14110 Condé-sur-Noireau
N° d'éditeur : 6588 – N° fab. : 6813 – N° d'imprimeur :187557
Dépôt légal : mars 2017

Imprimé en France